Für Petra und Dierk

Schaut mal auf S.64

Eure Emily

Impressum:

Alle weiteren Personen und Handlungen des Buches sind frei erfunden. Ähnlichkeiten mit lebenden oder verstorbenen Personen sind zufällig und nicht beabsichtigt.

Besuchen Sie uns im Internet:
www.papierfresserchen.de
www.herzsprung-verlag.de

© 2018 Papierfresserchens MTM-Verlag GbR
Oberer Schrannenplatz 2, D- 88131 Lindau
Telefon: 08382/9090344
info@herzsprung-verlag.de + info@papierfresserchen.de
Alle Rechte vorbehalten.
Erstauflage 2018

Das Werk einschließlich aller seiner Teile ist urheberrechtlich geschützt.

Cover gestaltet mit Bildern von © Christine Wulf – Adobe Stock lizensiert

Gedruckt in der EU
ISBN: 978-3-86196-788-0

Lektorat + Herstellung: Redaktions- und Literaturbüro MTM
www.literaturredaktion.de

Aus Datenschutzgründen (DSGVO) haben wir in diesem Jahr auf die Nennung der Nachnamen unsere jungen, minderjährigen AutorInnen verzichtet.

Engel oder Bengel

Kinder schreiben für Kinder

Martina Meier (Hrsg.)

**Unsere jungen Autorinnen und Autoren
leben in folgenden Ländern**

Deutschland
Österreich
Schweiz
Türkei
Costa Rica
Vereinigte Arabische Emirate

Inhalt

Die Königin und der Fremde	7
Saruk & die Windhundbande	10
Beste Freunde	12
Engel oder Bengel?	14
Göttliches Festmahl	19
Der Bengelengel	20
Wer ist Engel, wer ist Bengel?	23
Die Mörder-Hexe	26
Ein neuer Freund	30
Frecher Bengel oder lieber Engel?	32
Feuer und Eis	33
Leopold, der Engelbengel	34
Amore	36
Der kleine Engel und der Traumvogel	40
Bengel brauchen Engel	43
Wer bist du?	46
Ein Streich zu viel	48
Der erste Schultag	51
Bengel oder Engel?	54
Louisa und Anton oder Fridas Unfall	56
Eine ausgefuchste Freundschaft	60
(B)Engelsfreundschaft	62
Vom Bengel zum Engel oder doch lieber andersrum?	65
Ein fast braves Rudel	73
Bastian und die Räuber	76
Calvin und Hobbes in der Odyssee	78
Die Zwillinge	83
Feen und Dämonen	87
Nela ist weg!	92
Die wilden Wölfe	96
Die andere Welt	98
Gustav, der Freche	107

Das reinste Herz	109
Der kleine Bösewicht zu Hause	112
Bengel oder Engel	114
Die Abenteuer von Max, dem Engel	117
Ein Bengel wird zum Engel	122
Der Engel-Bengel und der Krieg gegen die Teufel	125
Freundschaft für immer	128
Goldlöckchen oder das Engelbengelchen	131
Harry und der Schutzengel	134
Schrecken in der Nacht	137
Engel oder doch Bengel?	140
Engel oder Bengel?	143
Peterchens Engel	147
Ein aufregender Ausflug und seine Helden	150
Endlich Frei!!!	155
Raphael verzweifelt gesucht	158
Nacht des Grauens	161
Frostig, fröhliches Engelsfangen	164
Wo gehört der (B)engel hin? 167	
Der brave Engel und der freche Bengel	170
Der Engel des Friedens 174	
Wölkchen	176
Teuflische Freundschaft	179
Definition Engel und Bengel	184
Steckt in jedem	186
Bengel auch ein Engel?	186
Kobold und Fee	189

Die Königin und der Fremde

Eines Tages stand er am Tor und klopfte. Sein Haar war zerzaust und schmutzig, die Klamotten zerrissen und seine Haut war dunkler als die der anderen Menschen. Eine der Wachen machte ihm auf. Man merkte sofort, dass mit ihm etwas nicht stimmte. Das Erste, was er sagte, war nicht etwa „Guten Tag" oder „Vielen Dank", denn als er sprach, verstand ihn keiner. Wenn er den Mund aufmachte, kamen Laute und Wörter heraus, die dort niemand je zuvor gehört hatte.

Man ließ Spezialisten holen und nach einer langen Zeit des Spekulierens und Herumratens konnte man entschlüsseln, was der seltsame Fremde wollte. Er war vor einem Krieg aus seiner Heimat geflohen. Er suchte Arbeit und bat um ein Zimmer, indem er wohnen konnte. Es wurde lange diskutiert, was man mit ihm machen sollte. Es gab viele Meinungsverschiedenheiten unter den Menschen. Die einen meinten, jeder hätte eine Chance verdient. Die anderen wiederum sagten, dass einer wie er in ihrem Land nichts zu suchen hätte.

Schließlich, nach vielen Nächten und Tagen, die verflogen waren, kam der Mann mit der seltsamen Hautfarbe sogar zur Königin, die von ihrem Volk wie ein Engel vergöttert wurde. Diese war wunderschön. Sie hatte blaue Augen, die wie ein Saphir schimmerten, und blondes Haar, das wie Perlen in der Sonne glänzte. Sie war gutmütig, aber legte sehr viel Wert auf Sauberkeit und Ordnung.

Als sie den verwahrlosten Fremden sah, wollte sie ihn schon nicht mehr anhören, denn sie glaubte ihrem Volk, dass einer seiner Art nur ein Dieb und Verbrecher sein konnte. Also gab sie ihm die schlechtesten Arbeiten, die sie zu vergeben hatte.

Der Mann hatte die Straßen zu kehren, den Müll vor der Stadt zu verbrennen und die öffentlichen Toiletten zu putzen. Er schwieg und machte sich auf den Weg, seine zugeteilte Arbeit auszuführen. Als der Mann das Schloss verlassen hatte, befahl die Königin ihren Wachen, den Mann heimlich zu beschatten, weil sie ihm nicht traute. Von diesem Tag an verdächtigte man bei jedem Verbrechen, das begangen wurde, zunächst den Unbekannten.

Die Jahre verstrichen und die Stadt wuchs. Der Fremde erledigte seine Arbeit, ohne zu meckern, denn er war dankbar für den Schutz und Frieden. Die Wachen und die Königin hatten mittlerweile das Interesse an ihm verloren, da er nicht wie erwartet Unheil über die Menschen brachte. Irgendwann beachtete ihn niemand mehr. Nur wenn er die Straße entlangging, schauten die Leute ihm spöttisch nach und lachten ihn aus. Seine Kleidung war noch immer einfach und sauberer erschien er auch nicht.

Eines Tages wurde die Königin sehr krank. Die Ärzte stellten fest, dass sie an Blutkrebs erkrankt war. Sofort befahl die Königin, dass alle aus ihrem Reich Blut spenden sollten, damit sie geheilt werden konnte. Jeder im Land spendete gerne und hoffte, dass die Königin wieder gesund werden würde. Doch es fand sich niemand, dessen Blut geeignet gewesen wäre. Verzweifelt und dem Tod schon nahe, machte die Königin eines Tages die Tür zu ihrem Schloss auf. Davor stand der Mann, den sie vor einigen Jahren so verspottet hatte. Er sprach inzwischen die Sprache der Menschen, die dort lebten, und bot der Königin an, auch sein Blut zu spenden. Doch die stolze Königin wollte kein Blut von einem so dreckigen Menschen annehmen und schickte ihn fort. Einer der königlichen Ärzte hatte das Gespräch hinter einer Tür belauscht und lief dem Mann hinterher. Er bat ihn, doch eine Blutspende abzugeben, in der Hoffnung, sein Blut könnte geeignet sein. Dieser willigte freudig und ohne zu zögern ein und spendete einen Teil seines Blutes für die Königin.

Die Tage vergingen und der Zustand der Königin verschlechterte sich dramatisch. Es stellte sich heraus, dass ausgerechnet das Blut von dem Mann, das sie ursprünglich nicht hatte annehmen wollen, ihre Rettung sein könnte. Sie willigte mit letzter Kraft ein und nahm das Geschenk an.

Wieder vergingen viele Wochen, in denen das Volk nichts von seiner Königin hörte. Doch dann verkündeten die Ärzte, dass die junge Königin geheilt sei. Es wurde ein Fest gefeiert, wie es noch nie in dem

Königreich zuvor gefeiert wurde. Aber die Königin konnte sich nicht an ihrer Gesundheit erfreuen. Ein schlechtes Gewissen machte sich in ihr breit und sie wollte sich bei dem armen Mann, der ihr das Leben gerettet hatte, entschuldigen und ihn reich beschenken. Als sie an seinem kleinen Haus ankam, um sich zu bedanken, fand sie niemanden vor. Das Feuer im Ofen war erloschen, die Fenster waren abgedunkelt und Spinnweben hatten sich schon über die Möbel gezogen. Die Königin ging schockiert in das modrige Häuschen hinein und fand einen Zettel auf dem Boden vor.

In tiefer Dankbarkeit, entschlüsselte sie.

Meine Lehrerin beendete die Geschichte, schloss schweigend das schwere Buch und schaute uns an.

Paulina, 13 Jahre, aus Ruppichteroth, Deutschland.

Saruk &
die Windhundbande

Saruk war ein kleiner persischer Windhund, der auf die Saluki-Schule ging. Da er so frech war, schwärzte ihn jeden Morgen seine Klasse an und die Lehrerin wuffte ihn verwirrt und böse an.
Doch heute war es nicht so. In der Saluki-Wuffin-High war alles still. Im Klassenzimmer wurde diskutiert. Über das Wufflandheim.
Die Lehrerin rief: „Saruk, da du so frech und ungezogen bist, darfst du nicht mit, solange du dich nicht hochgearbeitet hast."
Saruks Freunde Benni und Paolo flüsterten ihm zu: „Saruk, auf der Schule muss man brav sein."
Die Lehrerin Frau Wuffluki erzählte weiter, dass der große Herr Wuffelmann mitkommen würde. Als sie zu Ende geredet hatte, fragte sie: „Wer will die Hausi vorlegen?"
„Ist ja mal was Neues, Saruk." Suri, die kleine, arrogante Klassenbeste warf ihm einen düsteren Blick zu.
Saruk legte die Hausaufgaben vor die Kamera, die alles auf die Tafel übertrug, und begann zu lesen: „Die Verwufferungsform."
Als er sie gelesen hatte, sagte die Lehrerin: „Bravo!"
Genau in dem Moment läutete die Glocke zur Pause. Suri sagte böse: „So ein böser Hund ruiniert einem alles und ist zu dumm fürs Gymnasium." Suris Freundinnen Creamy und Bella lachten affig herum.
Benni und Paolo sagten: „Nach der Pause haben wir Katholischunterricht bei Herrn Wuffelmann."
Sie gingen zur Pause hinaus, und kaum 50 Sekunden später saßen sie auf der Bank, wo sie immer ihre Brotzeit aßen. Suri saß auf der anderen Bank, auf der Creamy und Bella ihre Nägel lackierten.
Suri schrie: „Ahh, Niwuff, der Prügler!" Dabei war ihr der Krallenlack egal.
„Doofe Tussi!", rief Niwuff und lachte wie ein betrunkener Hund.
Suri begann zu kläffen.
Im Katholischunterricht saßen alle auf ihrem Platz bis auf Niwuff,

der gerade mit rotem Kopf, völlig verschwitzt und mit Tränen in den Augen aufkreuzte. Er begann zu erzählen: „Zwei wildfremde Hunde haben mich umgestoßen, geschubst und beschimpft und haben gelacht. Sie haben ein Halsband hinterlassen."
Da es aus Gold war, stöhnte die Klasse: „Wow!"
„Wie sahen sie aus?", fragte Saruk.
Niwuff zuckte mit den Pfoten.
„Wen willst du beim Ermitteln dabeihaben?"
Niwuff zeigte auf Saruk. Der schrieb alles in ein sogenanntes Protokoll und sammelte jedes einzelne Beweisstück.
„Afghanisches-Windhund-Fell?"
„Bingo!", antwortete Saruk.
„Wie kann das sein, wir sind die Saluki-Wuffin-High?"
Saruk antwortete: „Vielleicht haben sich welche eingeschmuggelt, also, aus der Hauptstadt von nebenan."
Niwuff zuckte mit den Pfoten.
Da sahen sie drei Afghanische Windhunde durch den Gang rennen.
„Du von links, ich von rechts!"
Niwuff nickte. Und *puff* war die Windhundbande geschnappt. Der eine war ein brauner namens Joshi, der andere hieß Domi und der letzte hieß Alex, alle waren braun.
„Was wolltet ihr?" Niwuff versuchte, streng zu klingen.
„Wir wollten ... ähm ... andere ärgern."
Saruk und Niwuff fragten im Chor: „Wieso? Seid ihr übergeschnappt?"
Die drei Afghanischen Windhunde nickten verlegen.
Sie führten die Bande zur Direktorin Frau Wuffbold. Die machte sofort eine Durchsage: „Saruk Dowuff und Niwuff Domino haben die Windhundbande geschnappt. Großer Applaus! Sie wollten Grundschüler ärgern und haben andere ausgelacht."
Suri stürmte hinunter und sagte verlegen: „Sorry, Saruk, dass ich das gesagt habe."
Sie legte ihm ein Kleeblatt vor die Pfote und die drei riefen: „Alles hat sich zum Guten gewendet!"

Alina, 9 Jahre, aus Erding, Deutschland.

Beste Freunde

Hallo, ich bin Leo, lebe in der Dinosaurierwelt und bin zehn Jahre alt. Ich möchte euch eine Geschichte erzählen, die ich vor einem Jahr erlebt habe.
Ich ging eines Tages spazieren. Da sah ich zwei pflanzenfressende Dinosaurier. Sie waren außer Rand und Band. Da ich die Dinosauriersprache kenne, fragte ich, was los sei. Weil sie mich nicht kannten, guckten sie mich verdattert an. Na ja, ich hätte auch komisch geguckt, wenn ich ein Tier wäre und ein Mensch mit mir geredet hätte.
Der eine Dinosaurier fragte: „Wer bist du und warum kannst du unsere Sprache?"
Ich sagte: „Ich bin Leo. Entschuldigung, wenn ich euch beide erschreckt habe. Ich kann die Dinosauriersprache seit meiner Geburt sprechen."
Der andere Dinosaurier sagte: „Aha, ich heiße Bruno und mein Bruder heißt Julius. Wir waren gerade etwas erschrocken, denn wir haben vor ein paar Minuten das Brüllen eines T-Rex in dieser Höhle dort hinten gehört."
Ich sagte: „Dann gehe ich da rein und rede mit dem T-Rex."
Julius und Bruno standen die Münder offen. Dann riefen die Brüder wie aus einem Munde: „Das kann doch nicht dein Ernst sein!"
Ich sagte nichts weiter als: „Doch." Und dann ging ich los.
Als ich vor der Höhle ankam, hörte ich das laute Brüllen des T-Rex. Da sah ich, warum er so laut brüllte. Der Eingang zur Höhle war verschüttet. Ich begann, die Steine wegzuräumen.
Als ich endlich fertig war, war es schon tief in der Nacht. Ich guckte in die Höhle hinein und sah einen schlafenden T-Rex. Ich lehnte mich an die Höhlenwand, rutschte auf meinen Po und schlief ein.

Am nächsten Morgen wachte ich dadurch auf, dass die Sonne mir direkt ins Gesicht schien. Erst einmal wusste ich gar nicht, wo ich war. Aber dann sah ich Julius und Bruno, die auch gerade aufwachten.

Nun wusste ich wieder, wo ich war, richtete mich auf und ging in die Höhle. Jetzt blendeten auch den T-Rex die Sonnenstrahlen und er wachte auf. Dann brüllte er mich an. Nun sagte ich ihm, dass ich die Steine weggeräumt habe.
Er fragte: „Wirklich?"
Ich rief: „Natürlich, oder denkst du, ich lüge dich an?"
Der T-Rex fragte genau das Gleiche wie Bruno und Julius, nämlich: „Wer bist du überhaupt und warum kannst du die Dinosprache?" Ich sagte es ihm und er meinte: „Danke, Leo! Egal, was passiert, ich werde dich retten. Denn ohne dich, Leo, wäre ich hinter diesen Steinen verhungert. Nochmals danke!"
Und von da an waren sie beste Freunde.

Mimi-Jane, 9 Jahre, aus Hannover, Deutschland.

Engel oder Bengel?

Ich bin Lin Marschall und war früher nicht sonderlich beliebt in unserer Klasse. Ich hatte keine Freunde, war schlecht in der Schule, galt als uncool und hatte nichts Besonderes an mir, das auf mich aufmerksam gemacht hätte. Ich war in der 9b, worauf ich nicht sonderlich stolz war. Unsere Klasse bestand aus zwei inoffiziellen Gangs, den *Engeln*, also den Strebern und Schleimern unserer Klasse, und den *Bengeln*, denjenigen, die sich nicht sonderlich für die Schule interessierten. Jede der Banden bestand aus drei Hauptmitgliedern. Bei den Engeln waren das Natalia, die Anführerin, Olivia und Lean, bei den Bengeln Julien, der gut aussehende Anführer und damit auch der respektloseste Schüler, Mark und Jan.

Ich war uninteressant sowohl für die eine als auch die andere Gang. Diese waren miteinander verfeindet und hassten sich bis auf den Tod. Einmal im Monat feindeten sie sich gegenseitig auf dem Schulhof an und beschimpften sich, um Stärke zu zeigen. Und auch wenn man es vielleicht nicht glaubt, die Engel konnten sowohl arrogant als auch stark und schlagfertig sein. Julien übertrafen sie jedoch nie. Wann diese Duelle ausgetragen wurden, kam auf die Situation an. Die Engel hatten heute auf jeden Fall wieder einen Grund, um Julien auf seine schlechten Schulnoten aufmerksam zu machen. Wir anderen sahen eigentlich immer nur zu und amüsierten uns, doch heute sollte es anders werden. Dafür würde ich sorgen.

Ich wollte dazugehören, seit ich denken konnte, war jedoch immer zu feige gewesen, irgendwas an meiner miserablen Lage zu ändern. Die Klasse galt zwar als harmonischste der ganzen Schule, doch hinter der Fassade war sie grausam zu jedem ihrer Feinde. Und diese Feinde waren alle, die nicht so waren wie die Engel oder eben die Bengel. So einer war ich. Für beide Banden.

Doch heute sah ich eine Chance für mich. Das einzige Hindernis auf meinem Weg zum bedeutenden Mitglied der 9b war der Matheunterricht.

„Lin? Lin! Lin Marschall! Träumst du?" Wenn man vom Teufel sprach.

„Nö, ich denke", gab ich zurück, ohne zu wissen, worüber eigentlich. Frau Anker schien irgendwie Gedanken lesen zu können, denn sie meinte nur: „Im Moment gibt es nichts anderes nachzudenken als darüber, was 3/5 durch 6,7 periodisch ist. So wie ich dich kenne, hast du nicht mal die Frage gehört. Ich frage mich, was du überhaupt in einer Schule tust."

„Ui, bist wohl selbst bei der Lehrerin unbeliebt", lästerten die Engel. Wer sonst?

Ich ignorierte sie, sah auf die Uhr, überlegte, wie ich die letzten, endlosen zehn Minuten rumkiegen konnte, und dachte über eine zufriedenstellende Antwort nach. „Ich glaube, wenn ich in Ihrem Unterricht halb einschlafe, haben Sie was falsch gemacht", schlug ich schließlich vor und signalisierte den anderen damit, dass heute kein normaler Dienstag war. Ich war nämlich sonst nicht so schlagfertig.

Julien sah mich verwundert, aber mit einem frechen Grinsen im Gesicht an, wandte sich an die Runde und rief: „Seht euch die Marschall an! Ist das Uncoolste, was es gibt, tut aber so, als hätte sie von mir gelernt!" Er drehte sich zu mir. „Damit das klar ist: wenn sich jemand mit dem Lehrer anlegen darf, dann ich. Und zwar aus dem Grund, weil ich es kann. Du nicht. Also, lass es einfach."

Wenn Blicke töten könnten, wäre ich im Gefängnis und Julien mausetot. Doch natürlich bemerkte nur Frau Anker meinen vernichtenden Blick. „Zum Streiten gibt es Pausen, die man übrigens auch zum Lernen nutzen kann, Lin", war das Einzige, was sie dazu sagen konnte, bevor sie ohne ein weiteres Wort mit dem Unterricht fortfuhr.

Juliens gemeiner Kommentar hatte mich sehr getroffen und ich ärgerte mich im Nachhinein, dass ich so töricht, so unüberlegt gehandelt hatte. Doch ich hatte gelernt, dass es nichts brachte, sich heulend in eine Ecke zu verkriechen oder sich gar über Geschehenes zu ärgern. Auf die Zeit zu achten, war aber auch keine gute Idee gewesen. Die letzten Minuten, ja, Sekunden vergingen quälend langsam und das Klingeln war für mich wie die Erlösung einer jahrelang anhaltenden Folter.

Fast gleichzeitig stürzten wir aus dem Klassenraum auf den Pausenhof, um den ersten Teil des Spektakels zu sehen. Unter dem Baum am Rande des Hofes, wo immer die Kämpfe ausgetragen wurden, angekommen, stellten sich jeweils die drei wichtigsten Mitglieder jeder

Bande feindselig gegenüber auf und warteten auf das Startsignal von Madelein, einem Mitglied der Engel und unserer Klassensprecherin. Sie stand zwischen den Gangs. Madelein wartete, bis Ruhe in die Klasse kam und man nur noch die Stimmen der Fangen spielenden Grundschüler hören konnte. Dann sagte sie mit erhobener Simme: „Ich rede nicht um den heißen Brei herum. Deshalb bin ich auch eure Klassensprecherin. Also, lasst die Kämpfe beginnen!"

Das war mein Zeichen.

„Stopp!", rief ich, um auf mich aufmerksam zu machen, drängte mich ohne Rücksicht auf andere durch die Menge und trat anstelle von Madelein in die Mitte, breitete die Arme in Richtung der beiden Banden aus und begann meine Rede, die ich am Abend davor noch geübt hatte. „Sorry, dass ausgerechnet ich eure *Prügeleien* stören muss, aber ich glaube, es gibt keinen besseren Moment als diesen. Kurz und knapp: Ich will dazugehören. Das will ich schon lange, aber ich hatte nie eine Chance. Warum? Weil ich Angst hatte. Warum? Jetzt denkt mal scharf nach. Euretwegen. Ihr habt es mir nie leicht gemacht, so wie jedem, der versuchte, euch als Freunde zu gewinnen. Irgendwann saß ich mal auf meinem Bett und dachte mir: *Du hast keine Chance. Also nutz sie gefälligst!* Und genau das tue ich jetzt. Ich will euch hiermit, indem ich mich in eure Sachen einmische, zeigen, dass ich Mut habe, endlich. Ich will, dass es keine Gruppen gibt, denn dann wäre alles so viel leichter, doch das kann ich nicht beeinflussen. Aber ob ich ein Teil von euch bin schon. Ändert euch! Nehmt Leute in eure Gruppe auf, davon könnt auch ihr profitieren. Seht die Menschen. So wie sie sind."

Ich war fertig. Zwar wunderte es mich, dass mich niemand unterbrochen hatte, aber ich war zu erleichtert, um mir darüber Gedanken zu machen. Ein Fehler.

„So?" Julien hatte als Erster seine Sprache wiedergefunden. „Mit dem Punkt, dass es unmöglich sei, die Gangs zu zerstören, hattest du recht. Doch du solltest wissen, dass du bestimmte Eigenschaften haben musst. Wenn du dir so lange Gedanken darüber gemacht hast ... zu welcher Gang willst du denn gehören?" Damit blickte er die Engel kurz böse an und wandte sich dann wieder mit einem triumphierenden Grinsen an mich. Er wusste, dass er wieder mal gewonnen hatte.

Ich wusste nämlich nicht, welche meine Gruppe sein sollte. Ich hatte damit gerechnet, dass ich mit meiner Rede die anderen perplex machen und sich irgendeiner melden und sagen würde: „Komm zu uns! Es tut uns leid."

Falsch gedacht. Natürlich. In meinem Rachewahn hatte ich vergessen, mit wem ich es zu tun hatte. Nämlich mit Leuten, die immer gewannen und einem nichts durchgehen ließen. Jetzt hatte ich mich vor allen blamiert und meine Chancen auf einen Neuanfang sanken von null auf minus tausend.

„Äh", stammelte ich, verzweifelt nach einer Antwort suchend.

„Oh, das ist ja viel!", höhnte Lean und alle Anhänger der Engel lachten. „Ich würde ja sagen: *Komm zu uns*. Aber wir würden mehr profitieren, wenn wir dich Julien überlassen."

Ich wusste nicht, was ich tun sollte. Weglaufen? Nein, die Blöße wollte ich mir nun wirklich nicht geben. Kontern? Wenn mir was eingefallen wäre, eine Superidee. So stand ich aber nur verdattert herum.

Da kam Mark zu mir. „Verzieh dich gefälligst! Jemand wie du hat hier nichts verloren. Damit das klar ist: Du bist dumm, niemand will einen Versager wie dich in der Gruppe haben. Da würden mir selbst die Engel leidtun!"

Das war zu viel. Ich rannte in den Klassenraum, schnappte mir meine Tasche und lief, so schnell ich konnte, nach Hause. Ich konnte nicht mehr in den Unterricht gehen, ja, ich würde meinen Klassenkameraden nie wieder in die Augen sehen können.

„Lin! Warum kommst du schon zurück? Bist du krank?", fragte meine Mutter, als ich das Haus betrat.

„Ja!", schrie ich und knallte meine Zimmertür zu. Jetzt konnte ich die Tränen nicht mehr zurückhalten und heulte wie ein Schlosshund. In Wirklichkeit mochte ich keine der Banden, aber wenn ich dazugehören wollte, musste ich mich entscheiden.

Meine Mutter kam herein. „Lin? Was ist denn passiert?"

„Ich bin krank, okay? Kopfschmerzen. Ich brauche Ruhe!", schrie ich.

„Nun gut, wenn du meinst. Ich sehe dann später noch mal nach dir", erwiderte sie und schloss die Tür.

Ich ließ mich auf mein Kissen fallen, dachte nach und ... und zum ersten Mal heute war ich froh. Warum war ich nicht eher darauf gekommen? Warum hatte ich ihnen nicht einfach genau das gesagt? Was interessierte es mich, ob sie mich mochten oder nicht? Ich würde ich selbst bleiben, egal, mit wem ich in einer Klasse war. Ich hatte mich immer gefragt, wie die Engel und die Bengel entstanden waren, doch nun wusste ich es. Julien hatte sich die Leute gesucht, die so waren wie er. Dasselbe hatte auch Natalia getan. Ihre Anhänger waren all die, die sich für sie verändert hatten.

Nicht mit mir! Gleich morgen würde ich ihnen bei Gelegenheit zeigen, was ich wirklich dachte. „Ich hab keine Chance", dachte ich erneut, doch diesmal voller Entschlossenheit. „Also nutz sie gefälligst."

Und als ich am nächsten Tag in die Schule kam und Julien mich mit seinem fiesen Grinsen im Gesicht fragte, ob ich mich entschieden hätte, da ich ja nun genug Zeit gehabt hätte, antwortete ich nur lächelnd: „Ja."

„So? Na, dann mal los! Die arme Opfergruppe", lachte er.

Doch ich entgegnete nur kühl: „Für niemanden. Ich bin allein besser dran als mit euch. Und all die, die sich für dich und Natalia entschieden haben, haben sich für euch verändert. Ihr lacht mich aus, weil ich anders bin. Ich lache euch aus, weil ihr alle gleich seid." Damit ließ ich ihn stehen, und als ich aus dem Augenwinkel seinen verwirrten Gesichtsausdruck sah, wusste ich: „Diesmal hast du gewonnen, Lin."

Jette, 12 Jahre, aus Abu Dhabi, Vereinigte Arabische Emirate.

Göttliches Festmahl

Ein Engel war eingeladen zu einem Festmahl bei Gott,
zu Vanillepudding und Erdbeerkompott.
Mit polierten Flügeln und gegeltem Haar
macht sich der Engel auf in die Kirche zum heiligen Altar.
Petrus begrüßt ihn mit freundlicher Stimme,
doch als Gott den Raum betritt, hält er inne.
„Servus zusammen, ihr lieben Leute,
alle wollen feiern heute!
Der Grund dafür ist nicht ein Engel,
sondern ein ganz besonderer Bengel.
Er hat Lucki, den kleinen Engel, gerettet,
er war beim Teufel an Eisen gekettet."
Der Bengel grinst frech alle Gäste an,
damit man seine weißen Zähne sehen kann.
Jetzt gibt es Erdbeerkompott,
der Bengel spuckt es aus ganz flott.
Er verzieht das Gesicht
und sagt: „Was ist das für ein blödes Gericht?"
Die Engel schimpfen, dass das unhöflich sei,
bald gibt es eine wilde Puddingschmeißerei.
Der Pudding klebt wie rohes Ei,
doch keiner findet was dabei.
Jetzt trifft auch Gott die Masse –
er macht mit, das kommt ihm nicht in die heilige Kasse.
Und die Moral von der Geschicht:
Trau deinem Lebensretter nicht!
Denn so kann es sein,
dass der eine oder andere Engel verliert seinen Heiligenschein!

Marina, 10 Jahre, aus Nußdorf am Inn, Deutschland.

Der Bengelengel

Hey, ich bin Tay und ungefähr 2534 Jahre alt, aber kann auch sein, dass ich mich verzählt habe. In meiner Freizeit liebe ich es, anderen Streiche zu spielen, aber das ist gar nicht so einfach, wenn dein Vater der Erzengel persönlich ist. Und letzte Woche war der Sekretär meines Vaters das Opfer eines meiner schon überall gefürchteten Streiche. Aber es war einfach zu lustig, als er seinen Kaffee, den ich etwas mit Salz gewürzt habe, wieder ausgespuckt hat.

Allerdings konnte mein Vater über diesen kleinen Scherz wirklich nicht schmunzeln und jetzt bin ich auf dem Weg in ein Internat voller Engelstreber. Das ist die Strafe, die mein Vater sich für mich ausgedacht hat. Ja, fies, oder? Jetzt stehe ich jeden Tag unter Bewachung der ödesten Engel im ganzen Himmel.

Als wir auf den Hof fahren, stehen meine neuen Mitschüler schon Spalier für unser Auto. Man könnte meinen, dass sie sich über ihren neuen Mitschüler – mich – freuen, aber das machen wirklich alle Engel, wenn mein Vater irgendwo ankommt. Engel sind manchmal echt wenig einfallsreich. Wirklich, zur Weihnachtszeit muss ich mir jedes Jahr ein neues Plätzchenrezept ausdenken, aber seit Jahrhunderten stehen sie für meinen Vater Spalier. Und als mein Vater und ich aussteigen, fangen sie auch noch an zu singen. Ich kann nicht verstehen, dass Menschen das Krächzen lieblich nennen, aber man muss sagen, dass mein Vater darauf abfährt. Er fängt jedes Mal an, total dämlich zu grinsen, obwohl die Paparazzi schon so viele peinliche Bilder von ihm veröffentlicht haben.

„Ach, hallo, das muss Tayson sein!", ruft ein ziemlich dicker Engel, der mit einem breiten Grinsen auf dem Gesicht auf meinen Vater und mich zuwatschelt.

Ja, lacht nicht, aber mein Geburtsname ist wirklich Tayson. Ich finde immer noch, dass der Name eher zu einem Dackel passt, deshalb nenne ich mich Tay.

„Tay reicht", erwidere ich dem immer noch grinsenden Mann.

„Ah, okay, okay. Hach, einen Künstlernamen hat der Kleine auch schon, herrlich, herrlich", plappert der Typ vor sich hin.

Ich verdrehe nur die Augen und beäuge meine neuen Mitschüler. Die meisten sehen ziemlich streberhaft aus, aber ein Junge, der rechts ganz am Ende steht, sieht etwas besser aus. Er hat seine schulterlangen Haare nicht gekämmt, sondern einfach nur strubbelig nach hinten geworfen und streckt mir die Zunge raus, als er bemerkt, dass ich ihn angucke. Das kann ich mir natürlich nicht bieten lassen und strecke meine Zunge auch raus. Der Junge gefällt mir!

Plötzlich zieht mein Vater mich weiter und ich bemerke, dass der Grinser schon fast bei der Tür ist. „Reiß dich zusammen, Tayson!", zischt mein Vater mir ins Ohr und geht dem dicken Mann hinterher.

Ich beeile mich, meinem Vater zu folgen, und so gehen wir im Entenmarsch zu meinem neuen Zimmer. „Du teilst dir dein Zimmer mit Af."

Schon geht die Tür auf und Af spaziert herein. Und siehe da, es ist der Zungen-Junge vom Hof. Perfekt!

Jetzt kann ich meinen Vater gar nicht schnell genug verabschieden, und als das Auto aus der Einfahrt gefahren ist, renne ich hoch in mein Zimmer und stelle mich Af vor. „Hey, ich bin Tay und du? Also, ich weiß, dass du Af heißt, aber warum bist du in diesem Spießerinternat? Ich habe dem Sekretär meines Vaters Salz in seinen ..."

Af unterbricht meinen kleinen Monolog durch ein Grunzen. Erstaunt gucke ich ihn an und er sagt nur: „Meine Eltern zahlen."

Okay, ich gebe es zu, ein bisschen mehr hätte ich schon erwartet. Nachdem ich ihm meine halbe Lebensgeschichte erzählt habe, kommt er mir nur mit seinen Eltern?!

Doch ein bisschen später berichtet Af mir, dass er eigentlich auf der Erde eingesetzt werden sollte, doch dann hat er zu lange auf den Regenschalter gedrückt und Hawaii wäre fast überschwemmt worden. Darum ist er jetzt hier. Schlecht für ihn, gut für mich! Ich erkläre ihm, dass wir jetzt Freunde sind und zusammen hier rauskommen werden.

Er guckt mich mit leuchtenden Augen an, doch dann schüttelt er den Kopf. „Glaub mir, die anderen hier verstehen echt keinen Spaß. Ich hab es schon probiert, aber die kennen nicht mal das Wort Ironie."

Entsetzt gucke ich ihn an und nach einer Weile sage ich: „Wenn du recht hast, dann wird es ein hartes Stück Arbeit, aber zusammen schaffen wir das!"

Als wir zusammen in der Essenshalle auftauchen, gucken die anderen nur kurz auf und wenden sich dann wieder ihren Büchern zu, die neben ihren Tellern liegen. Streber ...
Doch Af und ich haben einen Plan. Wir stellen uns in die Essensschlange, und als Af seinen Teller hat, lässt er ihn herunterfallen und etwas Kartoffelbrei spritzt wie geplant auf mich. Daraufhin nehme ich meinen Salat und schleudere ihn auf meinen neuen Freund. Dieser zielt nun auf ein Mädchen in der Nähe und kurz darauf bewirft sich die ganze Schülerschaft. Und es werden noch viele Streiche folgen ...

Yara, aus Oerlinghausen, Deutschland.

Wer ist Engel, wer ist Bengel?

Es gibt die netten, unschuldigen Engel und die frechen, bösen Bengel. Ein jeder glaubt, sie zu kennen, jeder urteilt, denn wir alle haben schon mit ihnen zu tun gehabt, oder? Sie werden von vornherein abgestempelt, entweder gut oder böse, schwarz oder weiß. Was anderes gibt es nicht. Kein Neutral, kein Grau, kein Dazwischen. Ob sie dann aber auch wirklich so sind wie angenommen, interessiert in Wahrheit niemanden. Einmal beurteilt können die Engel und Bengel nichts mehr ändern.

Der erste Eindruck bestimmt *alles*, wie so oft in unserer heutigen Gesellschaft. Wir alle erlauben uns zu urteilen, bevor wir nachdenken. Darüber, was vielleicht hinter Taten steckt oder was in einem anderen Menschen vorgeht.

Wir alle *ver*urteilen, noch bevor wir bei uns nach Fehlern suchen. Denn man selbst macht ja keine, man selbst darf sich alles erlauben. Jeder will eine faire Chance, doch erteilt sie anderen nicht. Ein Bitte und Danke erwartet man sich, gut behandelt werden will man, ein Recht auf eine Erklärung findet man für sich selbst angebracht. Doch geht es darum, jemand anderem zu helfen, nett zu sein, Mitgefühl zu zeigen oder – um Gottes willen, stellt euch das mal vor – zu vergeben, ist das zu viel verlangt, denn ein jeder weiß, der da, der ist ein Bengel und der da vorn ein Engel.

„Kein Wunder", denkt sich Frau Maier am Sonntagmorgen, als sie in der Zeitung liest, dass der Nachbarsjunge Ben in Jugendhaft ist. Der hat schließlich immer ihre Milch geklaut und seiner Mutter nur Ärger eingebracht. In der Schule war er nie und überhaupt war er anders als die anderen Kinder.

„So ein Bengel", denkt sie sich, als sie den Artikel liest. In ein Haus ist er eingebrochen, hat den Besitzern ihr gesamtes Vermögen gestohlen. Zum Glück hat die Polizei ihn erwischt. Wäre er doch ein bisschen mehr wie sein Bruder. Der hat sie jeden Morgen gegrüßt und ihr beim Tragen ihrer Einkaufstaschen geholfen. Ein Engel eben.

Kopfschüttelnd betrachtet die Frau noch mal das Bild des Jungen und flüstert leise: „Du Bengel, ich weiß genau, wie du bist, solche wie dich kenn ich, nicht anders verdient hast du's."
Dass Ben aber eigentlich anders ist und kein Verbrecher, das weiß sie nicht. Dass er die Milch immer für die kleine Katze geklaut hat, die eines Tages bei ihm aufgetaucht war, halb ausgehungert und noch fast ein Baby. Dass seine Mutter das ganze Geld fürs Saufen ausgegeben hat, sodass er nicht selbst für die Katze etwas kaufen konnte und keine andere Lösung fand, als zu stehlen. Dass sein Bruder und dessen Freunde ihn dazu überredet haben, bei dem Einbruch mitzumachen, weil seine Mutter große Schulden bei Leuten hatte, denen er kein zweites Mal das Geld verweigern konnte. Und Frau Maier weiß auch nicht, dass er all dies bereut, dass er so viel lieber das Kind von jemand anderem wäre, jemandem, der ihn nicht schlug und von ihm, seit er sechs Jahre alt war, erwartete, für sich selbst zu sorgen. Sie weiß von all dem nichts, keinen Schimmer hat sie.

„So ein lieber Bursche", denken die Lehrer sich, wenn sie Julian sehen. Den Jungen mit dem Hemd, welches er stets in die Hose gesteckt hat, und der braunen Cordhose, die perfekt mit seinen Haaren harmoniert. Die braune Pracht kämmt er jeden Tag mit Gel nach hinten und auf den Lippen ist ein unschuldiges Lächeln zu sehen, welches er jedem Erwachsenen zeigt und diese reihenweise damit einwickelt. Den Lehrern trägt er immer die Taschen, den Eltern hilft er bei der Hausarbeit und andere Erwachsene grüßt er freundlich. Ein wahrer Schatz, durch und durch ein Engel, sagen die über 18-Jährigen.

„Dabei haben die keine Ahnung", denkt sich Marie heimlich, wenn ihre Eltern wieder mal von Julian schwärmen. Keine Ahnung haben sie davon, wie Julian wirklich ist. Fallen auf seine dämliche Masche herein. Sie wissen nicht, wie gemein er ist und dass er ihr immer die Jause wegnimmt. Ihr während des Turnunterrichts die Sachen versteckt, sodass sie in Turnkleidung zur nächsten Stunde muss. Sie auf dem Nachhauseweg immer beleidigt und schlimme Dinge zu ihr sagt. Wenn die wüssten ... Engel, von wegen, wenn dieser Junge etwas ist, dann ein Bengel.

Es gibt die netten, unschuldigen Engel und die frechen, bösen Bengel. Wer kennt sie nicht? WER urteilt nicht?
Jetzt sagt natürlich jeder: „ICH nicht!"
Doch sind wir mal ehrlich, wir alle glauben zu wissen, wer unsere

Mitmenschen sind und vor allem WIE sie sind. Wir alle urteilen, heimlich oder offen, doch wir tun es. Versuchen dabei jedoch immer, uns einzureden, dass wir selber gut, vorurteilsfrei, nicht rassistisch und perfekt sind. Aber das sind wir nicht. Keiner von uns. Und das ist in Ordnung. Solange wir uns dessen bewusst sind und nicht erwarten, besser behandelt zu werden, als wir selbst andere behandeln. Solange man weiß, wer man selbst ist, und am Abend ruhigen Gewissens einschlafen kann mit dem Gedanken, richtig gehandelt zu haben und mit sich selbst im Reinen zu sein. Und solange es wenigstens ein Grau gibt. Ein Neutral. Und nicht nur Engel oder Bengel.

Lieselotte Walch, 13 Jahre, aus Graz, Österreich.

Die Mörder-Hexe

Einen Tag nach Ostern saß Hänsel am Mittagstisch und starrte auf den Osterhasen aus leckerer weißer Schokolade. Er mochte nichts essen. Einen Augenblick zuvor hatte er seine Frau tot aufgefunden! Sie war mit Brotkrümeln erstickt worden.

Im selben Moment saß Detektiv Fix in seinem Büro und wollte gerade frühstücken, als ihn ein Telefonat dabei störte. „Fix am Apparat."

„Die Hexe hat meine Rosi erstickt", ertönte eine Stimme am anderen Ende der Leitung.

„Sind Sie sicher, dass es nicht Schneewittchens böse Stiefschwester war?", hakte er zynisch nach. Fix war es gewohnt, dass seine Auftraggeber immer etwas übertrieben, deswegen machte er sich, ohne weitere Fragen zu stellen, auf den Weg.

Als er ankam, wurde er gleich von Hänsel, dem Ehemann der Ermordeten, bestürmt: „Hier, genau an diesem Ort, wurde meine Frau Rosi ermordet. Sie müssen sofort den Täter finden. Und wenn Sie ihn dann gefunden haben, werde ich ihm die Kehle umdrehen."

„Keine Angst, Herr Rosenrot, ich werde den Täter finden. Auf mich ist Verlass. Hat sich Ihre Frau, bevor sie ermordet wurde, mit jemandem gestritten?"

„Ja, letztens waren ihre beiden Brüder Max und Moritz hier und haben sich mit ihr um das Erbe ihres Vaters gestritten."

„Ich danke Ihnen vielmals für Ihren Hinweis. Ich werde die beiden Brüder gleich überprüfen."

Anschließend nahm Detektiv Fix sich vor, die beiden Brüder zu verhören. Zuerst lud er Moritz in sein Büro ein. „Guten Tag", begrüßte Fix den Verdächtigen, der ebenfalls eine Begrüßung murmelte und sich dann auf den schwarzen Ledersessel fallen ließ. „Sie wissen bestimmt, wieso ich Sie in mein Büro eingeladen habe?", fragte Fix.

„Ja, wegen meiner ermordeten Schwester Rosi. Es ist einfach schrecklich. Es macht mich so traurig. Wieso gibt es nur Menschen, die so etwas machen? Aber wieso Sie mich des Mordes an meiner eigenen Schwester verdächtigen, das verstehe ich nicht. Nein, einfach unerklärlich."

„Hatten Sie denn ein gutes Verhältnis zu Ihrer Schwester?"

„Ja, wir waren ein Herz und eine Seele. Fast jeden Abend aßen wir zusammen Suppe und schauten anschließend immer SpongeBob."

Fix hielt es nicht für nötig, Moritz noch weitere Fragen zu stellen, und holte deswegen Max zum Verhör in sein Büro. Dieser hatte es angeblich eilig und wollte das Gespräch so kurz wie möglich machen, weil er sich noch mit Verwandten treffen wollte.

„Keine Sorge, es wird nicht lange dauern. Nehmen Sie doch bitte Platz", beruhigte Fix ihn. „Wie Sie bestimmt mitbekommen haben, wurde Ihre Schwester vor einigen Tagen ermordet. Haben Sie vielleicht ein Motiv für den Mord an Ihrer Schwester?"

Max war empört. „Wieso sollte ich meinem Schwesterherz etwas antun? Ich habe mich mit ihr schon immer viel besser verstanden als mit meinem Bruder."

„Wenn Sie viel Geld erben würden, was würden sie damit anstellen?"

Max überlegte einen kurzen Moment. „Ich würde mir ein richtig schönes Leben machen, ein neues Auto kaufen und vielleicht sogar ein eigenes Haus. Und natürlich würde ich endlich einmal ins Disneyland gehen. Sie können sich nicht vorstellen, wie gerne ich einmal dorthin möchte. Aber wieso sollte ich mir über so etwas Gedanken machen? Ich weiß nicht, von wem ich etwas erben könnte."

„Ich danke Ihnen vielmals, dass Sie sich kurz Zeit genommen haben für mich. Ich würde Ihnen gerne noch einen Kaffee anbieten, aber Sie müssen ja etwas erledigen", entgegnete Fix.

„Ach, für einen Kaffee hat man doch immer Zeit."

„Das ist schön. Dann kommen Sie bitte mit ins Wohnzimmer."

Das Wohnzimmer war ziemlich klein, jedoch gemütlich eingerichtet. Man merkte, dass es einem Detektiv gehörte, denn überall lagen Notizen und Stadtpläne herum. Und an der Wand hingen Feldstecher und Lupen.

Als sie das Wohnzimmer betraten, zögerte Max einen kurzen Moment, weil er sah, dass sein Bruder Moritz auch hier saß und gemütlich einen Kaffee schlürfte.

„Was ist denn? Wollen Sie nun doch keinen Kaffee?", fragte Fix etwas verwirrt.

„Doch. Klar. Ich war nur etwas verwundert, als ich sah, dass Moritz auch hier ist. Aber das ist kein Problem, wir verstehen uns ja gut, oder?"

„Klar", antwortete Moritz und nahm noch einen Schluck von seinem Kaffee.

„Das ist prima. Möchten Sie in Ihren Kaffee lieber Zucker oder Milch?"

„Milch. Aber wenn es möglich ist, wäre mir warme Milch lieber. Ich mag es nicht, wenn sie kalt ist."

„Für meine Gäste erfülle ich doch fast jeden Wunsch", meinte Fix und überreichte Max eine hellblaue Tasse, die mit Kaffee gefüllt war.

Max setzte sich neben Moritz auf das Sofa und Fix machte es sich in seinem alten, gemütlichen Opasessel bequem. „Ach, das ist jetzt ein guter Moment, wenn wir hier schon alle zusammensitzen, um noch ein paar Fragen wegen Ihrer Schwester zu stellen. Möchte vorher noch jemand einen Keks?"

„Sehr nett von Ihnen. Wir müssen jedoch beide etwas auf unsere Figur achten", sagte Moritz und Max stimmte ihm nickend zu.

„Jedem das seine", entgegnete Fix und nahm sich einen Keks, den er gleich darauf mampfend aufaß. Danach putzte er sich mit einer Serviette säuberlich den Mund ab und wollte noch einige Fragen stellen, denn er hatte schon einen Verdacht, war sich jedoch noch nicht ganz sicher, wer von den beiden der Mörder gewesen war. Folglich führte er sein Verhör fort. „Am Tatort fanden sich Brotkrümel eines Roggenbrotes. Hat einer von Ihnen beiden am besagten Morgen ein Roggenbrot gegessen?"

„Wir hassen beide Roggenbrot. Wir haben sogar eine Allergie dagegen", verteidigte sich Max.

„Außerdem ist Brot etwas sehr Ungesundes. Früchte und Gemüse stehen bei mir zuoberst auf der Einkaufsliste", stellte Moritz klar.

Die Antworten kamen postwendend. Fix notierte sich jedes Detail auf seinem Notizblock, den er immer dabeihatte. In letzter Zeit war er etwas vergesslich, weshalb er alles schriftlich festhalten musste.

„Wo waren Sie zum Zeitpunkt des Mordes?", fragte Fix.

„Ich habe kein Alibi. Ich saß zum Zeitpunkt des Mordes, also vor drei Tagen, alleine zu Hause.

Vor dem Fernseher trank ich eine Flasche Wein. Etwas angesäuselt legte ich mich bereits um 18 Uhr schlafen. Zum Zeitpunkt des Mordes um 15 Uhr kann ich also nicht bei meiner Schwester gewesen sein. Sie sehen, ich bin unschuldig."

„Das werden wir noch sehen", antwortete Fix. Die Aussage von Max hatte ihn nicht restlos überzeugt. Also wandte er sich Moritz zu.

„Im Gegensatz zu meinem Bruder habe ich ein Alibi. Ich war mit meinem Kollegen vor drei Tagen im Ikea einkaufen. Ich kaufte dort ein Regal, das ich noch am gleichen Abend zusammengebaut habe. Ich kann Ihnen das Regal gerne zeigen."

„Das müssen Sie nicht", winkte Fix ab. „Ich weiß genau, dass einer von Ihnen beiden die Tat begangen hat. Einer hat sich im Verlauf des Verhörs verraten. Ich wette, dass es beim Mord um Erbstreitigkeiten gegangen ist."

Max und Moritz schauten den Detektiv kritisch an. Einer der beiden wusste, dass er als Mörder seiner Schwester entlarvt worden war.

Melike, aus Roggenburg, Schweiz.

Ein neuer Freund

An einem kalten Maiabend saß Kato an seinem Fenster und beobachtete die Sterne. Seine Familie war sehr arm und Kato wünschte sich nichts sehnlicher, als hinauf zu den glänzenden Sternen zu gelangen. Da drang eine feine Melodie an sein Ohr, die zuerst leise, dann immer lauter wurde. Kato war es, als sängen die Sterne selbst. Da tauchte am Horizont ein weiterer funkelnder Punkt auf. Kato spürte, wie die Luft wärmer wurde.

Der Stern war jetzt so groß, dass man ihn klar erkennen konnte – und es war gar kein Stern, sondern eine Kutsche, die so hell leuchtete wie Gold. Sie hatte silberne Räder und auf dem Kutschbock saß eine Gestalt, die noch mehr Wärme und Liebe ausstrahlte als die Kutsche selbst, die von sechs Einhörnern gezogen wurde. Die Gestalt hatte Haare, die bis zum Boden reichten, und es schien, als wären sie aus purem Gold gemacht. Über der Taille des Wesens lag durchsichtiger Samt, der an diesem kalten Abend kaum jemanden wärmen konnte. Am beeindruckendsten jedoch waren die goldenen Flügel, die auf dem Rücken des im Wagen sitzenden Wesens prangten. Kato wusste nun auch, wen er vor sich hatte: einen Engel.

Dieser hielt genau vor seinem Fenster und streckte seine Hand aus. „Ich bin der Engel Miramis. Komm, ich bringe dich in das Land der Sterne und fort von dieser Nacht."

Kato nahm seine Hand und die Berührung von Miramis floss wie Gold in seinen Körper. Er stieg in die Kutsche, die daraufhin ohne ein Geräusch am Nachthimmel davonschwebte.

Nach einer Weile wurde die Nacht heller und der Junge sah sich vor einem verschlungenen Tor stehen. Miramis hob die Hand und sie traten in das Land hinter dem Tor. Neben einem Wasserfall aus Zuckerguss spielten lauter Engel. Sie tobten durch die Landschaft aus sanftem Grün und sammelten sich nach und nach auf einer Insel inmitten eines Blütenmeeres. Miramis nahm Kato bei der Hand und sie flogen zur Insel. Dort standen sie, von Engeln umringt, und Miramis erhob die Stimme: „Brüder und Schwestern, ich bringe euch den Jungen, dem wir helfen werden."

Er nickte Kato zu, der sich gerade hinstellte und sagte: „Ich ... ich glaube, hier hat man mich erwartet. Darum bin ich mitgekommen." Er sah unsicher zu Miramis hoch, den es jedoch nicht störte, dass Kato keine Ahnung von alledem hatte.

Zwei Engel brachten ein Einhorn, auf das sich Miramis und Kato setzten. Sie flogen zurück durch das Tor und alle Engel begleiteten sie. Bald kam Katos Haus in Sicht, die Gärten und Beete der Nachbarn und die großen Eichen vor Katos Fenster. Miramis und die Engel flogen ins Haus, an die Betten der Eltern, und hauchten silbernen Engelsstaub auf sie hinab. Auf ihren sonst so ernsten und verschlossenen Gesichtern breitete sich ein Lächeln aus und ihre Haare glänzten golden.

Langsam lösten sich die Engel auf, bis nur noch Miramis vor Kato stand. Er lächelte. „Auch wenn wir jetzt gehen müssen, hoffe ich, dass wir uns bald wiedersehen." Er machte eine Faust, und als sich seine Hand wieder öffnete, lag darin eine goldene Engelslocke.

Kato streckte seine Hand aus und berührte sie. „Sie ist wunderschön", hauchte er und sah auf. Doch Miramis war verschwunden und er stand alleine da, die Engelslocke in der Hand und ein Lächeln im Gesicht.

Er legte sich schlafen und träumte von Engeln und Engelslocken, von Kutschen, die von Einhörnern gezogen wurden, von dem Land der Lichtstrahlen und von Miramis. Der lächelte ihm zu, auf seine ganz besondere Weise, und war gleich darauf verschwunden.

Adrienne, 9 Jahre, aus Liebenfels, Österreich.

Frecher Bengel oder lieber Engel?

Blonde Löckchen,
Augen blau,
schneeweiße Söckchen
und sein Stimmlein nicht rau.
Lieber Engel oder frecher Bengel?

Die Klingel
seiner Nachbarsleut'
drückt dieser Schlingel,
selbst wenn er ihren Ärger scheut.
Frecher Bengel oder lieber Engel?

Ein liebes Kind,
sein Lächeln fein,
wie Kinder, die brav sind,
so kann er auch sein.
Lieber Engel oder frecher Bengel?

Er nascht die Leckereien
von Großmutter
und in die nicht fertigen Schleckereien
mischt er das Hühnerfutter.
Frecher Bengel oder lieber Engel?

Viktoria, 11 Jahre, aus München, Deutschland.

FEUER UND EIS

Es gab einmal eine Welt, die aus purem Hass, Missgunst und Verzweiflung am Leben erhalten wurde. In diesem fernen Tal lebten Kreaturen, die unsere Vorstellungskraft weit überschreiten.
Diese Welt fernab unserer Fantasie war in zwei Teile gespalten. Auf der einen Seite existierten Lebewesen, die aus purer Schönheit und Licht bestanden. Ihr Herz war aus Gold, genauso wie ihre mächtigen Schwingen des Himmels. Sobald man diesen Wesen in die Augen sah, konnte man meinen, die Wellen des unendlichen Ozeans gegen die Brandungen schlagen zu sehen. In unserem Universum würde man sie vermutlich Engel nennen. Die Boten Gottes.
Doch es gab, wie auch im realem Leben, die Schattenseiten dieser unbekannten Welt. Auf der anderen Seite des Planeten verbargen sich ungeahnte Mächte. Die Engel nannten sie *die Schande der Natur*. Hinter ihrer Brust verbarg sich ein Herz, das von Narben gekennzeichnet war. Ihre Augen waren von Tränen gebrandmarkt und durch ihren Körper fraß sich die pure Verzweiflung. Die Kälte hatte über diese armen Seelen gesiegt. Gefühle hatten diese Kinder der Nacht schon lange nicht mehr. Aber wenn doch, dann bloß Hass, Aggression und Trauer.
Kinder, Frauen und Männer hatten sie auf dem Gewissen. In unserer Welt würden diese Sünder wohl Dämonen genannt werden. Doch auch diese Geschöpfe hatten einst ein Leben wie du und ich. Die Hölle war die Strafe für ihre Sünden.
Ein schlechtes Verhältnis zwischen Engel und Dämonen war nicht ungewöhnlich bis zu jenem Tag, an dem sich alles wendete.

Sophie, aus Kindberg, Österreich.

Leopold, der Engelbengel

Vor einiger Zeit, da lebte ein Junge im Alter von sechs Jahren. Sein Name war Leopold und er war das artigste Kind, das man sich nur vorstellen kann. „Mein kleiner Engel!", seufzte seine Mutter des Öfteren und wuschelte ihm durch seine braunen, nicht zu bändigenden Locken. Und sie hatte ganz recht: Stets benahm er sich artig in der Öffentlichkeit, brachte den Müll hinaus und aß sogar fleißig Gemüse, ohne sich ein einziges Mal zu beschweren.

Doch dann kam er in die Grundschule. Und damit nahm diese Geschichte ihren Lauf ...

Am Montag, den 10. August 2009, betrat Leopold zum ersten Mal in seinem Leben eine Schule. Dort wurde er mit vielen anderen Kindern seines Alters in eine Klasse gesteckt, die Klasse 1a. Schon bald fühlte Leopold sich dort wie zu Hause, doch er merkte schnell, dass einige Kinder (insbesondere die Jungs) ganz anders waren als er: Sie verbreiteten Lügen, beschimpften ihre Lehrerin (Frau Kompass) und taten, als wären sie die Allercoolsten.

Der kleine Leopold beschloss, so wie diese Kinder zu werden, um dazuzugehören, denn er wusste nicht, dass diese Kinder einen schlechten Umgang für ihn darstellten.

Nun kam das, was kommen musste: Leopold fing an, frech zu werden, log, dass sich die Balken bogen, spuckte und verprügelte andere Kinder. Strafen kümmerten ihn nicht, da er unbedingt so wie der Rest der frechen Bande sein wollte.

Jedes Mal wenn seine Mutter ihn sah, fing sie an zu weinen und rief: „Was ist nur geworden aus meinem Engel? Nun ist er geworden zu einem Bengel!"

Der Opa hörte davon, dass sein Enkel so unartig war, und beschloss, etwas dagegen zu unternehmen.

Am nächsten Wochenende klingelte es an Leopolds Haustür. Leopolds Mutter öffnete. Niemand war zu sehen. Verwirrt schloss sie wieder die Tür. Auf einmal hörte sie ein Rumpeln und Scheppern aus

der Küche. Neugierig ging sie dorthin und sah, wie Leopold mit entsetzter Miene beobachtete, wie ihr eigener Vater mit seinen schlammigen Gartenstiefeln durchs Küchenfenster ins Haus kletterte. „Was soll das?", schrie sie entsetzt. „Du machst ja alles schmutzig!"
„Das war auch meine Absicht, Töchterchen", grinste Opa und wandte sich Leopold zu. „Du, Leopold, ich habe gehört, dass ein gewaltiger Tiger aus dem Zoo ausgebrochen ist. Außerdem wollte ich dir unbedingt erzählen, dass ich mich morgen mit meinem Nachbarn Heinz treffe und ihm mal eine ordentliche Backpfeife verpasse – er hat mir nämlich noch immer nicht meine Bratpfanne zurückgegeben, die ich ihm vorgestern geborgt habe. Willst du mitkommen, Leopold?"
„Hör auf zu lügen!", rief Leopold entrüstet. „Und verletzen darfst du auch niemanden, sonst kommst du ins Gefängnis!"
Am Nachmittag sah Leopold, wie sein Großvater seine Mutter beleidigte. Erbost ging er auf ihn zu. „Bist du völlig verrückt geworden?", brüllte er seinen Opa an.
„Ich halte dir nur einen Spiegel vor", erwiderte dieser ganz ruhig.
Da musste Leopold lachen und weinen zugleich. Er lachte so lange, bis er einen Schluckauf bekam. Danach entschuldigte er sich bei seiner Mutter.
Diese sagte: „Schon gut. Du musst auch gar nicht immer der liebste Junge der Welt sein. Du kannst ja ab jetzt ein Engelbengel sein."
Das war Leopold dann auch. Und er benahm sich besser, als so manch einer von euch es tut.

Felicia, 11 Jahre, aus Norden, Deutschland.

AMORE

Ich hörte, wie die schweren Tropfen an mein Dachfenster trommelten und gleichzeitig der Wind an meinen Fensterläden rüttelte. Meine Finger verließen die warme Bettdecke und tasteten nach dem weichen Fellknäuel, das sich neben mir zusammengerollt hatte. Als Sammy meine Finger an seinem pechschwarzen Fell bemerkte, ertönte ein zufriedenes Schnurren aus seiner Schnauze und er streckte seine Hinterpfoten gegen meinen Bauch.

Ich hatte ein schreckliches Kribbeln in der Kehle, das es mir unmöglich machte einzuschlafen. Sobald ich nur an den morgigen Tag dachte, wurde das Kribbeln schlagartig stärker und verteilte sich in meinem ganzen Körper. Ich versuchte, den dicken Kloß in meinem Hals hinunterzuschlucken, doch er war einfach zu groß. Meine Blicke suchten nach meinem Wecker, der mich in weniger als fünf Stunden weckte, doch dies würde wohl nach dieser Nacht überflüssig sein.

Meine Gedanken waren wild und ungeordnet und ich versuchte, einen kühlen Kopf zu bekommen, doch mir war so unglaublich heiß. Ich schlug meine Decke beiseite und setzte mich auf. Sammy miaute protestierend und befreite sich aus dem Deckenberg, der gerade bei meiner Bewegung über ihm zusammengebrochen war.

Ich reckte mich nach oben und öffnete das Dachfenster, das sich direkt in der Dachschräge über meinem Bett befand. Sofort blies mir der Wind durch die Haare und peitschte dicke Regentropfen gegen mein Gesicht. Ich atmete die kühle und feuchte Luft tief ein. Als ich wieder ausatmete, war es mir, als würde ich den ganzen Stress und die ganze Angst aus meinem Körper verbannen.

Das Wetter erinnerte mich an den Tag, an dem Sammy uns zugelaufen war. Er stand damals mitten in der Nacht vor unserer Balkontür und weckte uns alle mit seinem jämmerlichen Geschrei.

Draußen stürmte und regnete es ungefähr so wie jetzt. Wir vermuteten, dass er damals bei uns Schutz vor dem Unwetter gesucht hatte.

Als wir ihn reinließen, gefiel es ihm so gut bei uns, dass er nicht mehr gehen wollte.

„Wir waren für ihn damals so eine Art Schutzengel in der Not", flüsterte ich verträumt. Doch als ich an das Wort *Engel* dachte, kam sofort die ganze Angst wieder zurück, die ich davor verspürt hatte.

Seufzend schloss ich mein Fenster wieder, bevor der Regen meine ganze Decke durchnässte, und setzte mich zurück auf mein Bett. Warum nur hatte ich mich für dieses bescheuerte Schulmusical angemeldet? Es raubte mir den ganzen Schlaf!

Jedes Jahr fand am letzten Freitag vor den Weihnachtsferien ein aufwendiges Weihnachtsmusical in unserer Schule statt. Dieses Jahr hieß es *Engel gegen Bengel*. Der Bengel stand für den Teufel, weil sich *Engel gegen Bengel* poetischer anhörte als *Engel gegen Teufel*. In dem Musical sollte es um einen Engel gehen, der nach Betlehem wollte, um bei der Geburt von Jesus zuzuschauen. Er wurde während seiner Reise aber immer wieder vom Bengel gestört, der die Geburt von Jesus verhindern wollte, weil er eifersüchtig war, dass ein ungeborenes Kind mehr Aufmerksamkeit bekam als er selbst. Am Ende erreichte der Engel aber doch noch den Stall, bevor Maria Jesus zur Welt brachte. Der Bengel tauchte wutentbrannt auf und wollte das Jesuskind vor lauter Zorn umbringen. Der Engel verhinderte das in letzter Sekunde und entzog dem Bengel das Böse mit einem Kuss, wodurch dieser gut wurde.

Als ich das Drehbuch gelesen hatte, war ich überhaupt nicht begeistert von dem Stück und fand es sogar ein bisschen kitschig, aber als ich von meiner besten Freundin Vivien erfuhr, dass sich Dennis als Bengel bewerben wollte, war ich sofort Feuer und Flamme, mich als Engel zur Verfügung zu stellen. Ich kannte Dennis aus meinem Spanischkurs, weil er vor mir saß und einfach toll war. Er war superfreundlich, hübsch und charmant. Ich hatte mich zwar noch nie getraut, ihn anzusprechen, allerdings hatte ich mitgekriegt, wie er mit anderen redete, und das reichte schon, um ihn sympathisch zu finden.

Die Rolle als Engel war die Chance, Dennis zu küssen und ihm so meine Gefühle für ihn zu gestehen. Ich war mir ganz sicher, dass er der Bengel werden würde. Seine schwarzen Haare passten perfekt und er konnte bestimmt supergut singen, da war ich mir sicher. Ich stellte mir vor, wie wir beide am Ende der Aufführung auf der Bühne standen und ich zum Kuss ansetzte. Am Anfang wehrte er sich noch, doch während ich das ganze Böse aus ihm raussaugte, wurde seine

Miene immer entspannter. Er umfasste meine Taille, und während wir unseren Filmkuss hinlegten, klatschte das ganze Publikum und es regnete Rosen über uns, bevor sich der rote Vorhang langsam schloss.

Als ich diese Szene immer und immer wieder in meinem Kopf ablaufen ließ, begannen meine Wangen zu glühen und ich ließ mich langsam auf mein Kissen hinabsinken. Ich musste unbedingt der Engel werden!

Morgen würde am Schwarzen Brett das Ergebnis stehen, welcher Schüler welche Figur verkörpern sollte. Ich hatte schon seit Tagen große Angst vor diesem Moment. Doch ich musste zuversichtlich sein. Frau Dageder, die bei meinem Casting in der Jury saß, hatte zu mir gesagt, als ich die letzten Strophen des Engelliedes vorgesungen hatte, dass ich eine sehr schöne und warme Stimme hätte. Das war sicherlich schon die Zusage für die Rolle als Engel, ganz bestimmt!

Frau Dageder war nicht nur dafür bekannt, dass sie nach jedem zweiten Satz, den sie sprach, mit dem Zeige- und Mittelfinger ihre Brille wieder auf ihrer Nase nach oben schob, nein, sie hatte auch große Kenntnisse, was das Singen und Musizieren anging, also musste es stimmen, dass ich eine wunderschöne Stimme hatte. Ich war mir sicher, dass ich bereits die Zusage für die Rolle als Engel hatte.

„Vorsicht! Hallo? Kann ich bitte durch? He! Ich will auch was sehen!", rief ich und versuchte, mich durch die Menge an Menschen hindurchzudrängen, die genauso gespannt auf ihre Rolle waren wie ich.

Vivien zog mich an der Schulter zu sich. „Warte doch kurz, bis sich die Menschenmasse aufgelöst hat, dann kannst du immer noch gucken, ob du der Engel geworden bist. Vielleicht hast du ja aber auch eine andere Rolle bekommen", sagte sie zu mir.

Ich sah sie verärgert an. „Nein, ich werde auf jeden Fall der Engel!"

Vivien zuckte mit den Schultern. „Es wär aber auch möglich, dass jemand besser als du für den Engel geeignet war."

Ich war zu gereizt, um diese Aussage auf mir sitzen zu lassen. Wütend riss ich den Mund auf und wollte Vivien vorwerfen, dass sie nur eifersüchtig sei, weil ich Dennis küssen durfte, doch ich wurde von lautem Jubeln daran gehindert. „Ja! Ich bin der Engel geworden, wie super ist das denn?!", ertönte es aus der Menschenmenge.

Ich schnappte nach Luft und schaute Vivien schockiert in die Augen. Sie verzog ihr Gesicht und machte den Beim-nächsten-Mal-klappt-es-bestimmt-Blick, doch ich sah das nicht so positiv wie sie.

„Das kann nicht sein!", rief ich und schaute Vivien vorwurfsvoll an, als wäre ich schockiert, dass sie so etwas glauben könnte.

Ich stürmte in die Menschenmasse hinein und schubste die Leute, die vor dem Schwarzen Brett standen, beiseite. Hastig suchte ich nach dem Engel und seinem Schauspieler. Tatsächlich! Anstatt wie erhofft Melina Kurz stand dort Tatjana Werling.

Meine Augen füllten sich mit Tränen und ich ballte meine Hände zu Fäusten. Tatjana Werling, die dumme Ziege, hatte mal wieder alles bekommen, was sie wollte. Egal, was sie tat, sie gewann immer. Sie war so ein Snob und dachte, dass sie alles könnte und alles wäre. Selbst wenn ich nur an dieses arrogante Lächeln von dieser falschen Schlange dachte, hätte ich kotzen können.

Wutentbrannt und blind vor Tränen stürmte ich in die Arme von Vivien. Sie strich mir über meine glatten dunkelbraunen Haare. „Was bist du denn geworden?", fragte sie.

„Weiß ich nicht, ist mir auch egal. Komm, wir gehen!", schluchzte ich und zog sie am Ärmel in den Flur.

Plötzlich spürte ich, wie sich sanft eine Hand auf meine Schulter legte. Ich fuhr herum und verschluckte mich fast an meiner eigenen Spucke, als ich sah, dass Dennis vor mir stand. Er lächelte.

„Melina, stimmt's?", fragte er. Ich sah unsicher zu Vivien hinüber und nickte vorsichtig. „Ah, das dachte ich mir bereits. Hast du schon auf das Schwarze Brett geschaut?" Er zwinkerte.

Ich nickte. „Ja, ich bin leider nicht der Engel geworden", sagte ich traurig.

„He, das macht doch nichts", beschwichtigte er. „Ich bin leider auch nicht der Bengel geworden, die Stimme meines Kumpels Kevin war wohl doch besser als meine." Er schmunzelte.

Ich schaute erschrocken auf. „Ach, echt? Aber was bist du dann?"

„Ich bin Josef, aus dem Grund komm ich auch zu dir, schließlich wirst du Maria verkörpern, und wenn ich schon spielen soll, dass ich eine Ehefrau hab, dann will ich sie auch besser kennenlernen." Er zwinkerte mir wieder zu und mein Herz machte einen Freudensprung.

Ich sah Vivien vergnügt an. Da war wohl der Engel der Liebe im Spiel gewesen: Amor.

Annika, 15 Jahre, aus Gärtringen, Deutschland.

Der kleine Engel und der Traumvogel

Der Tag war gekommen. Heute musste der kleine Engel die Prüfung bestehen, damit er einer von den großen wurde. Aber ob er das wirklich wollte? Er war nämlich nicht nur ein kleiner Engel, sondern auch ein frecher Engel. Er war sozusagen ein Engelbengel. Das meinten jedenfalls die großen Engel.

Von der ganzen Himmelsinsel, wo der kleine Bengel wohnte, versammelten sich die kleinen Engel vor den großen. Diese bereiteten immer eine Prüfung vor.

Es war früh am Morgen, als der kleine Engel zu dem Ort flog, wo sich heute alle versammelten. Denn es wurde immer gegen Mittag die Prüfung verkündet. Dann hatten alle Teilnehmer bis Sonnenuntergang Zeit, die Aufgabe zu erledigen. Wenn man es schaffte, hatte man auch bestanden und war einer von den großen Engeln.

Als der kleine Bengel ankam, war es schon sehr voll. Es waren viele kleine, aber auch jede Menge große Engel da. Alle unterhielten sich und waren ganz aufgeregt. Dann wurde es langsam still.

Ein großer Engel trat vor und sagte: „Hallo, kleine und große Engel. Ihr, die kleinen, seid heute gekommen, um die große Prüfung zu bestehen. Glaubt mir, ihr werdet es alle schaffen. Dieses Jahr ist es eure Aufgabe, eine bunte und glitzernde Feder von einem Traumvogel zu bringen. Aber die Regel lautet, ihr dürft nicht gemein zu dem Vogel sein, sondern er soll sie euch von selbst geben. Ihr habt bis Sonnenuntergang Zeit. Ihr könnt jetzt aufbrechen!"

Es brach Gemurmel aus. „Wie soll das funktionieren?"

Aber dann flogen über tausend Engelchen in die Luft. Der kleine Engel tat es ihnen gleich. Und er hatte schon einen Plan, wie er mal wieder schummeln konnte. Der kleine Engelbengel hatte den besten Plan ausgeheckt – das dachte er jedenfalls. Er wollte so einen Traumvogel erschrecken, damit der wegfliegen würde. Dann würde der Vogel bestimmt eine Feder verlieren. Na ja, so genial war der Plan nicht. Eben ein Kleiner-frecher-Engelbengel-Plan.

Der kleine Engel flog eine ganze Weile, bis er unten etwas schimmern sah. Also flog er hinunter.

Plötzlich raschelte etwas im Busch. Das musste dieser Traumvogel sein. Er schlich sich langsam an und rief: „Booo!"

Tatsächlich war es ein Traumvogel, der gerade wegflog. Aber der kleine Engel konnte keine einzige Feder sehen. Er suchte eine ganze Weile.

Plötzlich fiel sein Blick auf etwas Buntes. Die Feder! Er hatte es wirklich geschafft.

„Jaaa!", entfuhr es dem kleinen Engel. „Ich bin bestimmt der Schnellste. Das war ja gar nichts. Ich bin der Beste!"

Der Bengel jubelte noch eine ganze Zeit lang. Dann hob er die Feder auf und hielt sie hoch in die Luft. „Geschafft", dachte er. Doch als er seine Hand wieder herunternahm, konnte er die Feder nicht mehr sehen. Sie konnte doch nicht einfach so verschwinden. Oder hatte sie sich in Luft ausgelöst?

„Das kann nicht sein. Bestimmt habe ich gar keine richtige Feder gefunden. Das habe ich mir doch nur eingebildet."

Er flog wieder hoch in die Luft und suchte weiter. Und diesmal entdeckte er einen Vogel direkt über sich. „Boooo!", rief der Engelbengel.

Der Vogel flog davon, wobei er eine seiner Federn verlor. Also schnappte sich der kleine Engel die Feder. Aber ob er die Feder hochhielt oder nicht, sie verschwand. Das konnte ja wohl nicht wahr sein! Er hatte seine Hoffnung endgültig verloren. Der kleine Engelbengel würde nie einer von den großen werden. Er würde immer ein kleiner, frecher und gemeiner Engel bleiben.

Aber er hatte gemerkt, dass es überhaupt nichts brachte, so gemein zu sein. Das machte alles nur noch schlimmer.

Der kleine Engel setzte sich auf einen Stein. Was hatte er nur getan? Wieso hatte er überhaupt geschummelt? Ihm kullerten Tränen über die Wangen. „Bestimmt sind die anderen viel schneller. Ich werde es nie mehr rechtzeitig schaffen", dachte er.

Doch dann fiel dem kleinen Engel ein, dass nur er allein geschummelt hatte. Die anderen waren alle fair gewesen. Vielleicht musste er das auch sein. Da kam er auf eine Idee.

Der kleine Engelbengel sprang auf und suchte nach einem Traumvogel. Hinter einem Gebüsch entdeckte er einen. „Hallo, ich bin der kleine Engel", stellte er sich vor.

Der Vogel schaute zu ihm auf. „Oh, hallo, was möchtest du?"

„Na ja, es ist so. Wir kleinen Engel müssen eine Prüfung bestehen. Dieses Mal müssen wir die Feder eines Traumvogels bringen. Und deshalb bitte ich dich: Könntest du mir eine Feder von dir geben, die glitzert und bunt ist?"
Der Vogel lächelte. „Du hast so schön mit mir gesprochen, kleiner Engel. Und deshalb gebe ich dir auch eine Feder."
So bekam der kleine Engel eine Feder und flog zurück zu den anderen.
„Oh, hallo, kleiner Engel. Hast du die Feder?", fragten die großen. Der kleine Engel überreichte ihnen die Feder. „Das hast du super gemacht. Hiermit ernennen wir dich zum großen Engel!"
Er hatte es geschafft. Jetzt war er endlich ein großer, fairer Engel.

Areebah, aus Erlangen, Deutschland.

Bengel brauchen Engel

Es war ein Tag wie jeder andere, als ich in meinem Klassenzimmer angekommen war. Es regnete mal wieder und ich setzte mich neben meine beste Freundin, die mich mit einem „Hi Poppy" begrüßte.

Der Unterricht begann und ich starrte verträumt aus dem Fenster, als plötzlich ein Kribbeln meinen ganzen Körper befiel.

„Mist!", fluchte ich leise und rannte zur Tür. „Ich muss mal", meinte ich und guckte meine Lehrerin entschuldigend an.

Als ich alleine war, konnte ich mich endlich verwandeln. Große, schwarze Flügel wuchsen aus meinem Rücken und ich trug ein kristallblaues Kleid. Jetzt konnte nur noch ich mich sehen. Denn auch wenn es sich um einen für mich normalen Tag handelte, war er eben doch nicht ganz so normal, denn ich hatte mich soeben in einen Engel verwandelt.

Die meisten Menschen stellen sich Engel mit weißen Flügeln und langen weißen Kleidern vor. Oder auch ohne Kleid. Ich war froh, dass das in beiden Fällen nicht stimmte. Nun war es so, dass es leider nicht nur Schutzengel gab. Es gab noch kleine Teufelchen, die sich ebenfalls ins Unterbewusstsein der Menschen schmuggeln wollten. Es war Schweinehund, Spaßmacher und In-Gefahren-Bringer in einem. Karl, der Junge, den ich beschützte, hatte ein besonders gefährliches Teufelchen, das ihm auf Schritt und Tritt zu folgen schien. Zwar sah ich das Teufelchen nur, wenn ich selbst ein Engel war, doch das genügte.

Karl war wie so oft nicht in der Schule und mein Gespür sagte mir, wo sich der Junge aufhielt.

Ich bog in die Straße ein, in der Karl lebte. Und in dem Moment blieb mir beinahe das Herz stehen. Er war gerade dabei, eine hohe Leiter hochzuklettern. Einige seiner Kumpel standen unter ihm und feuerten ihn an.

„Los!", rief ein großer Junge mit blonden Locken.

Mit einem kräftigen Flügelschlag war ich bei ihm. „Tu es nicht! Es ist zu gefährlich!", wisperte ich in Karls Ohr.

Karl wurde etwas langsamer und er sah nicht mehr ganz so entschlossen aus. Es hatte zu nieseln begonnen.

„Mach weiter oder hast du Angst? Du weißt doch, was passiert, wenn du die Mutprobe nicht bestehst, oder?", rief ein kleiner Junge, der so rund war wie eine dicke Kirsche.

„Tu, was der Junge sagt!", vernahm ich eine mir wohlbekannte Stimme. Das Teufelchen war also auch da. Es stierte mich mit seinen bösen roten Augen an und lachte hämisch. „Es ist doch nichts dabei und danach halten dich alle für einen Helden. Tu es!"

„Tu es nicht!"

„Tu es!"

Am liebsten hätte ich mit den Augen gerollt, doch diese Situation brauchte meine ganze Konzentration. Natürlich hatte Karl mich schon des Öfteren gebraucht, doch gerade begab er sich in Lebensgefahr! Mein Herz pochte wie wild und ich schlug aufgeregt mit den Flügeln.

Ein Nachbar war stehen geblieben und schrie: „Komm da sofort runter, du Lausebengel!"

Karl kletterte unbeirrt weiter. Als er oben angekommen war, krallte er sich ängstlich am Dach fest.

„Gut so", sprach das Teufelchen und lachte böse. Es war zu allem bereit. Ich wusste, dass es auch nicht zögern würde, Karl sterben zu lassen, denn sein Herz war nun mal durch und durch böse.

Wenn es keine Teufelchen gäbe, würde kein Mensch Selbstmord begehen, niemand betrunken hinter dem Lenkrad sitzen und dann einen Unfall bauen. Ich seufzte. Menschen wurden von den Teufelchen zu dummen Streichen angestiftet und wir Engel versuchten, sie zu beschützen. Was uns leider nicht immer gelang.

Würde ich es schaffen, Karl davon abzubringen, übers Dach zu laufen, oder ihn wenigstens sicher hinüberbringen können?

Langsam richtete Karl sich auf. Seine Kumpel waren nun sehr klein und mussten laut rufen, damit er sie verstand. Karl machte den ersten Schritt über das spitze Dach. Ich atmete aufgeregt durch. Jetzt war es ohnehin zu spät.

Deshalb flüsterte ich ihm zu: „Gut so. Mach ganz langsam einen Schritt nach dem anderen."

„Nichts da!", zischte das Teufelchen. „Heute werde ich gewinnen. Schneller, Karl, schneller!"

Es jagte mir einen Schauer über den Rücken. Karl legte einen Zahn zu. Ich überlegte angestrengt, wie ich das verhindern konnte.

„Mach langsamer, Karl! Es ist zu gefährlich!", rief ich aufgebracht. Da kam schon ein gewaltiger Windstoß. Es begann nun, richtig zu regnen. Der Wind peitschte den Regen wie kleine Kieselsteine auf den Boden und das Dach. In dem ganzen Tumult hörte ich das Teufelchen kreischen: „Schneller, immer schneller!"

Karl hatte es zwar beinahe geschafft, doch ein kräftiger Windstoß packte ihn und er verlor das Gleichgewicht. Ich hörte seine Kumpel aufgeregt schreien.

Ohne lange nachzudenken, flog ich an die Seite des gefährlich schwankenden Jungen und begann, kräftig zu pusten. Ich pustete gegen den Wind, sodass Karl sein Gleichgewicht wiederfand. Er ging langsam weiter. Das Teufelchen fluchte so laut, dass sich meine Nackenhaare aufstellten.

Endlich hatte Karl es geschafft und kletterte eine weitere Leiter hinunter. Seine Kumpel nahmen ihn glücklich mit den Worten „Boah, voll das Abenteuer, Alter!" in den Arm.

Das Teufelchen machte sich fluchend aus dem Staub.

Ich lächelte zufrieden vor mich hin. Da hatte ich Karl also doch noch Glück gebracht.

Finja, 12 Jahre, aus Köln, Deutschland.

WER BIST DU?

Du bist einer von meinen besten Freunden. Ich kann mit dir super spielen. Wenn wir beide *Mensch ärgere dich nicht* spielen, dann bin ich immer gespannt, wer von uns die Spielfiguren als Erstes ins Zielfeld bringt. Manchmal bin ich ein Glückspilz und würfele als Erste eine Sechs, aber meistens darfst du als Erstes anfangen. Das macht richtig Spaß, auch wenn ich mich ärgere, weil du mich rausschmeißt.
Bei dem Spiel *Stadt, Land, Fluss* bin ich aber besser, obwohl wir ganz oft zusammen reisen. Es ist wahrscheinlich deshalb so, weil ich konzentrierter bin und mit offenen Augen durch die Welt laufe. Ich schaue durchs Autofenster, merke mir Stadt- und Flussnamen und mache viele Fotos. Du unternimmst nicht sehr viel (besser gesagt: gar nichts) und schießt nur Fotos, wenn ich welche mache. So faul und initiativlos kannst du sein!
Im Schach bist du aber Spitze! Ich kenne schon ein paar Schachfiguren. Zum Beispiel Springer, Dame oder König, aber richtig spielen kann ich noch nicht. Du aber, im Gegensatz zu mir, bist ein Schachnaturtalent und spielst sogar besser als mein Vater.
Beim Reiten bist du keine Konkurrenz, weil du überhaupt nicht mit Pferden umgehen kannst. Du verstehst die Sprache der Pferde nicht und kannst nicht passend auf die Pferdegefühle reagieren. Ich reite sehr gerne! Ich liebe es, wenn meine Haare im Wind rauschen, wenn ich auf meinem Lieblingspony Muffin galoppiere. Du bleibst während meiner Reitstunde abseits, schweigst und langweilst dich.
Ich wundere mich, wie viel du kennst und wie fleißig du es mir beibringst. Ab und zu brauche ich neue Infos über Pferderassen oder die Pferdezucht. Obwohl dich Pferde nicht das kleinste bisschen interessieren, weißt du überraschenderweise viel über sie. Du erzählst mir gerne von ihnen.
Bei den Hausaufgaben hilfst du mir immer, weil du so nett bist. Aber nicht alle, die nett sind, sind auch gut in der Schule. Du bist sehr schlau und klug und weißt auf alles eine Antwort. Mit deiner

freundlichen Hilfe bin ich immer schnell mit den Hausaufgaben fertig. Manchmal lesen, schreiben, singen und tanzen wir zusammen. Gerne recherchieren wir im Internet und tanken coole Infos. Du bist einfach ein Engel! Du bist sehr hilfsbereit, aber gleichzeitig naiv. Es ist schwer zu verstehen, warum du so offen gegenüber anderen bist. Du unterscheidest nicht zwischen bösen und netten Menschen. Zum Beispiel wenn du jemandem ein Geheimnis von anderen anvertraust, dann erzählt der Jemand das Geheimnis anderen Menschen weiter, obwohl er das gar nicht darf. In diesen Momenten glaube ich, dass du überhaupt keine Gefühle hast. Du kannst einfach meine Geheimnisse verraten! Da bin ich sauer.

Ich bin sehr groß und du bist klein wie ein Zwerg. Die Ärzte sagen sogar, dass du leider nicht weiter wachsen kannst, das ist in deinem Fall nicht heilbar. Wenn ich mit dir rede, muss ich mich immer zu dir runterbeugen. Wenn ich das öfter mache, fängt irgendwann mein Rücken an wehzutun. Mein Sportlehrer meint ständig: „Das ist nicht gut für deinen ganzen Körper, du musst gerade stehen."

Trotzdem gefällst du nicht nur mir, sondern auch meinen Freunden. Ich mache es zwar nicht, aber wenn einer meiner Freunde mit dir kommuniziert, ist er meist so in Gedanken versunken, dass er nicht auf die Straße achtet. Dadurch kann ein Unfall entstehen. Einmal ist das nämlich schon mit meiner Nachbarin Luisa passiert.

Du und Luisa, ihr gingt über die Straße und wart sehr miteinander beschäftigt. Urplötzlich kam ein Auto angesaust. Das Auto fuhr sehr schnell. Ihr bemerktet es erst, als es total nah war. Dann hörte man einen schrillen Schrei. Vor lauter Angst konntet ihr euch nicht bewegen und nichts sagen. Ihr wart total blass im Gesicht. Zum Glück sah der Autofahrer euch und im letzten Moment bremste er kräftig.

Er war auch zutiefst erschrocken, aber stieg sofort aus dem Auto aus. Seine Hände und Beine zitterten, dann sagte er heiser: „Alles gut? So was sollte man nie tun!"

Stimmt, ja, das war lebensgefährlich. Du sollst niemanden ablenken, besonders nicht an der viel befahrenen Straße! Sonst nenne ich dich Bengel und erstatte eine Anzeige.

Wer bist du? Bist du ein Engel oder ein Bengel, mein Smartphone?

Julia, aus Düsseldorf, Deutschland.

Ein Streich zu viel

Es lebte einst der frechste Bengel der ganzen Galaxie in einem Baumhaus. Dieser Bengel war ein Tier. Ein sehr freches Tier. Zum Beispiel hatte er Ahornblätter in einem Speiserestaurant ins Salatbuffet gemogelt. Dieses Gericht wurde von der Karte genommen, weil sich alle Gäste beschwerten. Ein anderes Mal tauschte er die Zigaretten eines Gastes durch Kaugummizigaretten aus. Als dieser diese anzündete, begann es fürchterlich zu stinken.
Sein größter Streich aber war es, als er die Tiere des Zoos einfach so aus ihren Gehegen freiließ. Die Zoobesitzer brauchten fünf Wochen, die Tiere wieder einzufangen. War das ein heilloses Durcheinander!
Sicherlich fragt ihr euch schon, um welches Tier es sich handelt. Also gut: Dieses Tier ist ein geflecktes, grau-weiß-beiges Kaninchen. Und sein Name ist Paulinchen. Also ist sie eher eine Bengeline.
Eines Tages zog ein neues Tier in das Dorf. Es handelte sich um einen Fuchs namens Hocky. Schon am ersten Tag spielte er den Dorfbewohnern unzählige Streiche.
Paulinchen trat ihm mutig entgegen und sprach: „ICH bin hier der größte Bengel! Nicht du!"
Darauf entgegnete der Fuchs: „Seht sie euch an, sie ist ein Mädchen! Außerdem sind Füchse viel schlauer und einfallsreicher als Kaninchen."
Einige Dorfbewohner, die dies mitgehört hatten, stießen erstaunte Laute aus. Ein Uhu sagte listig: „Das wird anscheinend ein Streiche-Duell. Hoffentlich gewinnt der Fuchs."
Eine Maus piepste: „Also, ich bin für Paulinchen. Sie war schon früher da. Sie hat die besten Streiche." Und so begann ein Wettkampf, der in die Geschichte eingehen sollte …
Paulinchen marschierte mit stolz gerecktem Näschen nach Hause. Sie wollte sich viele Streiche überlegen, um zu gewinnen.
Nach einiger Zeit hatte sie zehn zusammen und begann, sie zu spielen. Bald hatten alle Dorfbewohner genug von dem Schabernack. Sie

überlegten sich, wie sie das Problem lösen könnten. Auf einmal rief Hamster Hamy aus: „Ich habe eine Idee, wie wir es anstellen, dass die beiden uns keine Streiche mehr spielen. Und wenn wir es richtig machen, haben auch wir unseren Spaß dabei. Wie wäre es, wenn wir ihnen die Ideen liefern, mit denen sie sich gegenseitig hereinlegen können ... Hört mal alle her ..." Alle waren begeistert und jeder hatte tolle Einfälle.

Hamy nahm sich zum Beispiel den Fuchs zur Seite und flüsterte ihm zu: „Wie wäre es, wenn du in Paulinchens Aquarium die echten Fische gegen Plastikfische austauschst ..." Hocky grinste hämisch und rieb sich die Pfoten.

Und so kam es, dass sich Hocky und Paulinchen nur noch gegenseitig ärgerten und die anderen konnten amüsiert zuschauen.

Schaf Wolly flüsterte in Paulinchens Ohr: „Wie wäre es, wenn du an seine Türklinke Klebstoff schmierst. Sobald er sie anpackt, bleibt er hängen."

So machte es Paulinchen auch, nur leider griff sie dabei selbst rein. Sie klebte da noch, als der Fuchs nach Hause kam. Weil er Paulinchen nicht als Türklinke benutzen wollte, half er ihr. Paulinchen war jedoch listig und huschte in sein Haus hinein. Der Fuchs merkte das nicht und folgte ihr. Da kam grade eine Giraffe und stieß aus Versehen die Türe zu. Leider lag der Schlüssel noch draußen und die beiden waren eingesperrt.

Als der Fuchs Paulinchen bemerkte, stieß er einen Schrei aus und ließ seine Teetasse mit dem frisch aufgebrühten Tee fallen. Der Fuchs wollte das Kaninchen rausschmeißen, als er feststellen musste, dass die Türe fest verschlossen war.

Paulinchen sagte zu Hocky: „So also lebst du hier im Haus vom alten Jäger."

Der Fuchs antwortete grimmig: „Du solltest eigentlich nicht mal hier sein, also überleg dir lieber, wie wir hier herauskommen sollen."

Paulinchen fragte ihn neugierig: „Haben dir die Dorfbewohner auch gesagt, welche Streiche du mir spielen sollst?"

„Ja", entgegnete er mit leuchtenden Augen, denn ihm war gerade aufgefallen, dass die beiden selbst hereingelegt worden waren. Paulinchen lehnte sich an eine Wand, als auf einmal ein weiterer Raum aufging. Der Fuchs sagte, als er das sah: „Das muss die Vorratskammer des Jägers sein. Vielleicht finden wir hier ja etwas, womit wir wieder herauskommen."

Sie fanden eine Knarre.
Paulinchen rief: „Halt!! Ich habe eine Idee, wie wir denen eine Lektion erteilen können. In der Kammer habe ich ein ausgestopftes Kaninchen gesehen, dass beinahe so aussieht wie ich. Wir tun so, als würden wir uns richtig streiten und du zielst dann auf mich. In Wahrheit erschießt du natürlich das falsche Kaninchen. Und jetzt schieß zuerst einmal die Türe auf, Fuchs."
Und so machten sie es. Durch den Lärm, den die beiden veranstalteten, waren alle Dorfbewohner aufmerksam geworden. Als sie das *tote* Kaninchen sahen, fielen einige sogar in Ohnmacht.
„Oh nein, wir haben es zu weit getrieben", riefen viele aus.
Als Paulinchen dann jedoch wohlbehalten hinter einem Busch hervortrat, waren alle erleichtert. Sie feierten noch ein berauschendes Fest und Paulinchen und Hocky wurden von Bengeln zu Engeln, denn Streiche spielten sie nun keine mehr.

Amelie, aus Aachen, Deutschland.

Der erste Schultag

Der kleine Engel Tommi geht heute zum ersten Mal in die Schule. Er ist sehr aufgeregt, weil er seine neuen Freunde kennenlernen möchte. Mama steht am Tisch und sagt Tommi: „Pack dein Wolkenbrot in deiner Tasche, mein Bengel." Sowie Mama ihm das sagt, macht es Bengel freudig und unverzüglich. „Komm in unser Wolkenauto rein", sagt Papa mit dem Lächeln.

Nun kommt die Engelsfamilie zur Schule. Da steht ein Junge vor der Eingangstür. Tommi fragt ihn, wie er heißt.

„Ich heiße Tommy, und wie heißt du?"

„Ich heiße auch Tommi", antwortet der Junge erstaunt. Der Engel Tommi freut sich sehr, dass der erste Junge, mit dem er befreundet ist, wie er heißt. Tommis Mama und Papa geben Tommi schnell noch einen Kuss und fahren dann weg.

Der Junge sagt dem Engel: „Komm, Tommi, unser Klassenraum ist im dritten Stock, wir nehmen die Treppe."

Dann fragt der Engel: „Wozu nehmen wir die Treppe?" Und plötzlich fliegt er in die Lüfte.

Der Junge bleibt erstaunt stehen, er will auch ins Klassenzimmer fliegen. Der Tommi-Engel zaubert sofort Flügel für seinen neuen Freund und sie fliegen zusammen in den Klassenraum. Das Engelskind schaut mit einem Lächeln auf alle Kinder im Raum. Da ist ein Mädchen, das eine schräge Frisur hat und immer Kaugummis kaut. Da ist der Junge Bodo, der oft im Unterricht schläft. Weiter ist noch der Junge Fritz da, er macht kaum Hausaufgaben, deswegen hat er schlechte Noten. Da sind Zwillingsschwestern Pia und Mia, die oft im Unterricht plaudern.

Alle Kinder glotzen mit offenen Münden und verstehen nicht, wer das ist. Dann steht Helena auf, die immer Kaugummis kaut, und sagt dem Engel: „Haben wir heute Fasching?"

Alle aus der Klasse – außer Tommi – beginnen zu lachen.

In diesem Moment kommt die Lehrerin Frau Stein und begrüßt alle

Kinder. Danach sagt sie: „Kinder, wir haben einen neuen Jungen in unserer Klasse. Er heißt Tommi. Tommi, möchtest du dich vorstellen?" Der Engel ist sehr aufgeregt, deswegen stottert er: „Hallo, ich ... ich bin T... Tommi."

In der Zwischenzeit nimmt Fritz, der hinten sitzt, ein Papierblatt, knüllt es zusammen und wirft es auf den kleinen Engel, und zwar so, dass es die Lehrerin und der Engel-Tommi nicht sehen. Die ganze Klasse beginnt wieder zu lachen. Nur der neue Freund von Tommi lacht wieder nicht mit.

Frau Stein schaut auf die Klasse und fragt, warum die Kinder lachen. Plötzlich steht der Junge Tommi auf und sagt, dass Fritz auf Tommi ein geknülltes Papierblatt geworfen hat.

Die Lehrerin bittet Fritz, aufzustehen, und streng sagt: „So, Herr Fritz, du bleibst nach den Unterrichten und machst deine Hausaufgaben."

Fritz murmelt wütend: „Na toll. Ich habe mich schon auf das Unterrichtsende gefreut."

Der kleine Engel schaut Tommi dankbar an, ihm ist sehr wichtig, dass er nicht alleine ist. In diesem Moment klingelt etwas im Treppenhaus. Das Engelskind zuckt und fragt unverständlich: „Was klingelt?"

Helena lacht den Engel aus: „Weißt du nicht, was dieses Klingeln bedeutet?"

„Das ist nicht lustig", sagt ihr Tommi.

Frau Stein erklärt dem Tommi-Engel, dass es zur Pause klingelt. „Wir haben drei große Pausen. In den Pausen kannst du essen, was du mitgebracht hast, oder rausgehen, um die frische Luft zu schnappen."

Als die Pause zu Ende ist, gehen die Schüler in die Sporthalle. Frau Stein zeigt Tommi, wo die Jungs- und wo die Mädchenkabine ist. In der Jungskabine ziehen sich alle um. Der Engel zieht seine Wolkenschuhe an. Das sind leichte luftige, fast transparente Turnschuhe. Der Junge Bodo sagt dem Tommi-Engel mit einem Grinsen: „Du hast komische Turnschuhe." Und alle Jungs – außer Tommi und der Engel – rennen mit einem Lachen raus.

Tommi-Engel seufzt und sein neuer Freund beruhigt ihn: „Tommi, sei nicht traurig. Es wird alles gut. Komm in die Sporthalle, der Unterricht fängt an."

Alle Kinder begrüßen ihre Sportlehrerin Frau Haus und sie sagt: „Kinder, wir haben heute einen Spieltag, ich schlage vor, Fußball zu spielen."

Die Lehrerin stellt die Teams vor: „Bodo, Mia und Pia, Oskar sind ein Team. Fritz, Helena, Tommi und neuer Tommi sind im anderen Team." Fritz und Helena meckern: „Wir wollen nicht mit dem Engel spielen, wir verlieren bestimmt."
Aber Tommi spielt mit anderen Engelskindern auf den Wolken sehr gerne Fußball. Das Spiel beginnt und alle Kinder staunen, wie Tommi-Engel spielt. Er schießt andauernd Tore, geht gut mit Gegner um. Das Spiel geht zu Ende und Tommis Team gewinnt. Den Kindern ist nun sehr peinlich, dass sie Tommi ausgelacht haben. Die Schüler bitten Tommi-Engel um die Entschuldigung, sie möchten mit ihm befreundet sein.

Da Engel nie böse sind, verzeiht er seinen Mitschülern und möchte für sie etwas Gutes tun. Dann zaubert er für alle sein Lieblingswolkeneis. Alle Kinder sind vom Eis sehr begeistert, denn sie haben so etwas noch nie gegessen.

Am Ende des Schultages kommen Tommis Eltern, um ihn abzuholen. Mama fragt ungeduldig: „Wie war es in der Schule?"

Der Engel antwortet lachend: „Es war sehr toll und ich habe jetzt neue Freunde: Fritz, Helena, Bodo, Pia und Mia, Oskar und Tommi. Und ich bin froh, dass ich morgen wieder in die Schule gehen kann."

Angelina Monin, 11 Jahre, aus Erfurt, Deutschland.

Bengel oder Engel?

1850 gab es einen Jungen, Till, auch bekannt als Lausebengel. Er tat viele verrückte Sachen.
Zum Beispiel brachte die Bäckerin, Frau Stein, an einem Samstag einen neuen Kuchen raus und wollte ihn auf die andere Straßenseite bringen. Doch da kam Till mit seinem selbst gebauten Kettcar vorbeigerast und fuhr ganz knapp an Frau Stein vorbei. Dadurch fiel ihr der Kuchen aus der Hand. Sie rief: „Pass doch auf, du kleiner Lausebengel!" Doch Till ignorierte sie.
Da es ein kleines Dorf war, wusste jeder direkt alles ... Als er wieder zu Hause war, bekam er richtig großen Ärger! „Och, Till, was hast du denn jetzt schon wieder angestellt?", meckerte seine Mutter ihn an. „Pass demnächst besser auf!"
„Ja, Mama!", sagte er trotzig. „Sie soll mich doch machen lassen, wie ich will!", flüsterte er leise.
Doch seine Mutter hörte es. „Wie war das? Auf dein Zimmer! Sofort!"
Bei diesen Worten sollte er besser nichts anders machen ... Doch so wie man Till kannte, tat er das nicht. Er bekam richtig Ärger!
So schnell wie die Zeit verging, brach der Abend an und Till ging schlafen. „Ohaaah, bin ich müde, nach dem, was ich alles wieder angestellt habe!"
In dieser Nacht träumte er etwas Unglaubliches. Er sah sich mit einer Gestalt, die er nicht erkennen konnte.
Diese Gestalt sagte: „Willst du ein Engel sein oder ein Bengel bleiben? Du hast die Wahl. Ich will es morgen hören! Wirst du dich verbessern, kommst du ins Himmelreich, wenn du stirbst. Verbesserst du dich nicht, kommst du in die Hölle zum Teufel."
Daraufhin wachte Till sofort auf und war in Schweiß gebadet „Wer war es? Wen habe ich gesehen?", fragte er sich.
Von diesem Traum erzählte er seiner Mutter nichts. Doch plötzlich half er überall im Haushalt und ging anständig in die Schule.

In der nächsten Nacht geschah es! Er sah die Figur wieder. Sie fragte ihn: „Und ... wer willst du sein? Willst du zum Teufel gehören oder ins Himmelreich? Entscheide dich gut! Ein falsches Wort – ein falsches Geschehen."

Darauf hatte er eine gute Antwort: „Ich werde versuchen, mich zu bessern. Doch ich kann es nicht versprechen. Werde ich ein Bengel bleiben, werde ich zum Teufel gehören. Werde ich mich bessern, werde ich ins Himmelreich kommen."

Sein Wecker fing an zu klingeln. Er fiel vor Schreck aus seinem Bett und seine Mutter kam angerannt. „Till! Was ist los?"

Er schwieg und ging in die Schule.

„Merkwürdig! So kenne ich ihn gar nicht", dachte seine Mutter.

Er hat sich ein bisschen gebessert, aber blieb auch ein Bengel. Doch ist er ein Engel oder ein Bengel? Das weiß keiner, nur die Gestalt in seinem Traum.

Carolin, aus Düren, Deutschland.

Louisa und Anton oder Fridas Unfall

Es war noch sehr früh am Morgen, doch das kleine Engelsmädchen Louisa konnte nicht mehr schlafen. Es sah durch sein Wolkenfenster hinab auf die Erde.

„Was soll ich tun?", fragte sich Louisa. Alles, was sie tun könnte, wollte sie nicht, oder es war besser, es zu lassen. Würde sie singen, würde der ganze Himmel aufwachen! Denn sie sang immer laut, hoch und schrill, weil ihre Engels-Sing-Zunge noch in der Ausbildung war. Würde sie Kekse backen, dann sähe die Küche danach aus, als hätte ein Teufelssturm dort gewütet, das sagte jedenfalls ihre Mutter und deshalb konnte sie nicht alleine backen. Würde sie vielleicht Geschenke verpacken, würde sich später niemand so richtig freuen, denn sie benutzte für ein Paket meistens eine ganze Rolle Tesafilm. Und wenn sie ihr heiß geliebtes Instrument spielte, war es auch nicht recht, weil sie nämlich Schlagzeug spielte, oder besser, spielen wollte, denn den anderen Engeln war das nicht so recht.

Louisa war und blieb ein quirliger, ungestümer Wirbelwind! Das sagten alle, die sie kannten. Wenn sie sehr viele engelige Sachen konnte, würde sie, so wie das bei den Engeln üblich war, die Engelsschule und somit ihr zu Hause verlassen und auf die Erde zu den Menschen reisen und von irgendwem ein Schutzengel sein.

An die lange Schutzengel-Zeit, ja daran dachte Louisa gerade. Wie es wohl werden würde?

In letzter Zeit fragte Louisa viel zu dem Thema, auch wenn es noch Jahre bis dahin dauern würde. Sie seufzte, seit einiger Zeit fühlte sie sich wie angezogen von der Erde, die so viele Geheimnisse barg. Plötzlich fasste sie einen Entschluss! Sie würde jetzt auf die Erde gehen, jetzt gleich!

Irgendwann würde sie sicher wiederkommen, spätestens wenn ihr Schützling, den sie hoffte zu finden, ins Reich der Toten überging. Wenn ihre Leute weg waren, kamen alle Engel zurück in den Himmel.

Leise packte sie ihr Bündel. Engelsaftschorle, Wolkenbrot und Himmelskekse, ihr Tagebuch und ihre Kuscheldecke. Louisa seufzte und war fast ein bisschen traurig, ihre Familie zu verlassen. Dann begann ihre Reise zur Erde. „Tschüss Bengelchen", rief ihr die Sonne noch nach, aber das hörte Louisa nicht mehr.

Als Louisa landete, staunte sie erst mal: Oh! So viele Blumen, Häuser und Bäume! Sie sahen anders aus als in den Wolken, trotzdem fand sie sie schön. Plötzlich spürte sie ein wenig Angst in sich hochkriechen. Sie atmete tief durch, straffte die Schultern und machte sich auf den Weg.

In dem roten Haus in der Eulengasse 6 wohnte Anton. Anton war ein lieber Junge, er war brav und fleißig. Kein Bengel, wie sein Freund Tomte. Anton war eher ein Engel. Er hatte große blaue Augen und blondes, lockiges Haar. Viele Leute sagte, er sei ein Engel.

Oma Gerta zum Beispiel. Sie sagte: „Anton, du bist ein Engel", als er für sie eingekauft hatte. Er sah aus wie ein Engel, sang wie ein Engel, sagte Gedichte auf mit der Stimme eines Engels, er spielte Geige wie ein Engel. Und er lachte wie ein Engel. Gerade las er ein Buch über Engel.

Louisa saß in einem uralten Nussbaum und überlegte. Dann wusste sie es: Sie würde zu ihrer Schwester Frida fliegen. Eulengasse 6, sie wusste es genau! Sie machte sich auf den Weg. Still und leise schlüpfte das Engelsmädchen durch ein offenes Fenster in Antons Kinderzimmer. In dem Raum war niemand. Louisa sah aus dem Fenster. Da kam Anton. Über ihm flog Frida.

„Frida!", rief Louisa freudig. Doch ihre Schwester schien sie nicht zu hören. Plötzlich schlingerte sie im Landeflug. Sie fiel nach vorne. „Oje oje", dachte Louisa. Mit einem kräftigen Rumms kam Frida auf dem Boden auf und blieb dort liegen. Ruck zuck war das kleine Engelchen bei ihr.

Anton sah das alles nicht. Er saß in seinem Zimmer und machte Hausaufgaben. Komischerweise verstand er nichts! Er war doch Klassenbester! Wenn er gewusst hätte! Es war Fridas positive Energie, die ihn, ohne dass er es merkte, sonst ansportne. Jetzt nicht! Jetzt hatte der Schutzengel einen Unfall!

Louisa rüttelte an ihrer großen Schwester: „Hey, aufwachen, Fridi, ich bin es, Louisa!"

Mühsam öffnete der Schutzengel ein Auge: „Louischen", jammerte Frida, „aua, hilf mir." Louisa wurde es heiß und kalt zugleich. Was sollte sie tun? In den Himmel fliegen und Hilfe holen? Aber waren die oben nicht alle richtig sauer auf sie, weil sie einfach abgezischt war?

„Hilfe, was soll ich tun?", flüsterte sie.

„Flieg zum Himmel und hol Hilfe", flüsterte ihre große Schwester zurück.

„Was hast du, wo tut es weh?", fragte Louisa.

„Überall", antwortete Frida und schloss die Augen.

Louisa war hin und hergerissen. Sollte sie in den Himmel fliegen und Ärger kriegen, aber Frida helfen ... oder egoistisch sein? Sie entschied sich für Nummer eins. Sie sprang in die Luft und flog in einem Affenzahn zum Himmel.

Atemlos rannte sie in die Küche zu ihrer Mutter, die gerade blaues Brot buk. „Mama, Mama!" Vom schnellen Flug war sie so außer Atem, dass sie fast nicht sprechen konnte.

„Aber Louisa, wo warst du denn?", fragte ihre Mutter tadelnd.

„Auf der Erde", brachte sie schwer atmend hervor.

„Louisa!", ihre Mutter sah sie böse an.

„Ich muss dir was Schlimmes sagen!", rief Louisa. „Das weiß ich schon!", schnaubte ihre Mutter.

„Du warst auf der Erde, ohne Erlaubnis!" Sie seufzte traurig. „Ab in dein Zimmer!"

Louisa sah ihre Mutter mit großen Augen an.

„Also gut, Louischen, sag mir das Schlimme", meinte ihre Mutter versöhnlich.

„Mami, schnell, Frida, auf der Erde, Unfall", stockend berichtete das Engelskind.

Erschrocken sah ihre Mutter sie an. „Gott sei dank warst du da unten, Schätzchen!", rief ihre Mutter und suchte den Vater, um ihre älteste Tochter zu retten.

Abends, als Frida im Wolkenkrankenhaus lag, berief Louisas Mutter einen Engelsrat ein. Als alle erwachsenen Engel da waren, sagte sie: „Ich finde, wir sollten uns darüber Gedanken machen, was mit Anton passiert. Schutzengellos kann er da unten ja schlecht leben."

Getuschel setzte ein. Da sagte einer: „Ich weiß, wer der Ersatzengel ist!"

Bei Anton lief es schlecht. Den Aufsatz für die Hausaufgaben konnte er nicht entziffern, sein Englischbuch war verknickt, ein Kaugummi hatte sich in seinen Locken verklebt und nun konnte er nicht einschlafen, weil er den Kopf voll hatte mit gruseligen Gedanken.

Was er nicht ahnte ...

Am nächsten Morgen kriegte Louisa eine tolle Überraschung zu hören. Munter packte sie abermals ihr Bündel und ihr Vater begleitete sie zur Erde, wo sie Antons Ersatz-Schutzengel sein sollte.

Zora, 12 Jahre, aus Tübingen, Deutschland.

Eine ausgefuchste Freundschaft

Auf dem Nordpol leben Eisbären, Schneehasen und Polarfüchse. Einer der Polarfüchse war Tilo. Tilo wollte schon immer in die große weite Welt hinaus.

Eines Tages war es soweit. Ein großes Schiff ankerte vor der Eisküste und Tilo schlich sich drauf. Das Schiff würde schon bald zum Festland aufbrechen. Tilo versteckte sich im Rumpf des Schiffes. Dort war es warm und gemütlich.

Eine Woche später war Festland in Sicht. Und als das Schiff anlegte, stürmte Tilo raus in einen großen grünen Wald. Tilo rannte erstaunt über das Grün, durch den Wald. Plötzlich hörte er ein seltsames Knurren und aus einem Busch kam ein großer grauer Wolf. Der Wolf griff ihn an, doch Tilo rannte vor ihm weg. Der Wolf holte ihn aber ein und biss ihn in die Seite. Plötzlich vernahm der Wolf einen seltsamen Laut, dann lief er weg und ließ Tilo verletzt unter einem Baum liegen.

Eine Rotfüchsin kam vorbei und entdeckte Tilo. Sie nahm ihn mit in das Revier der Rotfüchse. Dort pflegte sie Tilo gesund.

Jetzt lebte Tilo schon viele Monate bei den Rotfüchsen. Eines Tages hatten sie kein Futter mehr. Die Feuerfüchse aber hatten noch genügend Futter. Sie lebten in einem alten, zerfallenen Schloss. Tilo schlich sich eines Tages ins Revier der Feuerfüchse und stahl eine große Fleischkeule. Doch noch bevor er aus dem Feuerfuchs-Revier weg war, wurde er von der Feuerfuchs-Prinzessin Maja und ihren drei Freundinnen – Josephine, Clara und Vera – erwischt.

Maja sagte ihren Freundinnen, sie sollen die Wachfüchse holen. Das taten die drei auch. Aber Maja hatte nicht vor, Tilo festzuhalten, sondern gab ihm die Fleischkeule und ließ ihn laufen.

Als Tilo wieder im Revier der Rotfüchse war, präsentierte er stolz die Fleischkeule. Alle Füchse wurden satt.

Am nächsten Tag beschloss Tilo, noch einmal an die Grenze der beiden Reviere zu gehen. Zufälligerweise hatte Maja die gleiche Idee und so trafen sich beide an der Grenze. Es ging tagelang so weiter bis

Maja Tilo anbot, wieder über die Grenze zu gehen, weil in der Nähe des verfallenen Schlosses ein wunderschöner See war. Tilo war einverstanden und die beiden gingen zu dem wirklich wunderschönen See. Dort verbrachten sie viel Zeit miteinander. Sie schubsten sich gegenseitig ins Wasser und wurden Freunde.

Der Rotfüchsin kam es langsam verdächtig vor, dass Tilo jeden Tag bis in den Abend hinein nicht im Bau war. Eines Tages folgte sie ihm und sah, dass ihr Adoptivsohn sich mit einer Feuerfüchsin unterhielt und sogar über die Grenze ging. Als er sich am Abend von Maja verabschiedete und wieder in sein Revier zurückkehrte, empfing ihn seine Mutter und redete ein ernstes Wörtchen mit ihm.

Am nächsten Morgen stand sie früher als Tilo auf, kletterte aus dem Bau und versperrte ihn mit einem großen Stein. Sie rannte über die Grenze zu dem Feuerfuchs-König. Beinahe wäre sie festgenommen worden, doch dann erklärte sie ihm schnell die Lage. Der König befahl sofort, Maja zu sich zu holen.

Währenddessen konnte Tilo den Stein vom Bau wegrollen und war auf dem Weg zum alten Schloss. Als er dort ankam, erklärte er dem König, dass Rot- und Feuerfüchse sich alles teilen könnten und es keine Grenze zwischen beiden Revieren geben müsse. Der König beschloss, darüber nachzudenken.

Nach ein paar Tagen waren die ganzen Regeln mit der Grenze weg und Rot- und Feuerfüchse lebten glücklich zusammen.

Eleonore, 10 Jahre, aus Griesheim, Deutschland.

(B)ENGELSFREUNDSCHAFT

Hast du dich schon mal auf dein Trampolin gelegt, in den Himmel gesehen und deinen Blick schweifen lassen? Ja, natürlich sind da die Wolken, die von leichten Brisen über den Himmel getragen werden, natürlich sind da die Vögel, die übermütig durch die Luft fliegen, aber vielleicht ist das nicht das Einzige, das dort oben existiert.

Denn wenn du hochsteigst und die Wolken hinter dir lässt, erstrahlt eine Insel, aus der gewaltige Wasserfälle fließen, die im Nirgendwo enden. Eine andere Welt breitet sich über den Wolken aus: die goldene Stadt der Beflügelten, die Stadt der Engel. Eine Stadt jenseits unserer Vorstellungskraft, von so einer Pracht, dass sie kaum zu beschreiben ist. Denn nicht Fahrräder oder Autos rumpeln über holprige, schmutzige Straßen, nein, in dieser Welt fliegen die Wesen mit goldenen Schwingen, vorbei an Häusern aus Marmor und über den spektakulären Park, in dessen Mitte ein großer Lorbeerbaum Schatten spendet.

Die kleinen Engelskinder halten sich hier auf, sie spielen, üben ihre Flügel zu nutzen und erfüllen den Park mit ihrem glockenhellen Gelächter.

Nur ein Junge mit ausgefransten, gräulichen Flügeln sitzt alleine auf einer Bank. Er heißt Benni, und niemand scheint ihn zu beachten. Er ist eben nur ein Bengel. Diese werden von allen Engeln ausgelacht und als ungezogene Wichte beschimpft. Nur ein gleichaltriger Engel namens Ted setzt sich zu dem Bengel und bietet ihm an, sein Schulbrot mit ihm zu teilen. Nicht jeder heißt diese Handlung allerdings gut.

„Ted, was machst du denn da?", ruft plötzlich ein älterer Engel. Es ist Roland, ein fieser Junge, der die Bengel immer schikaniert. Schon oft hatten er und seine Bande die kleinen Bengel aus ihrer Schule gehänselt.

„Was ist?", fragt Ted stirnrunzelnd. Er mag Roland nicht, allein schon seine Art gegenüber den Bengeln empfindet er als widerwärtig und unfair. Durch sein Unverständnis hierfür hatte er schon oft Streit mit Roland.

„Warum teilst du dein Brot mit ihm?", fragt Roland spöttisch.

„Das geht dich gar nichts an!", erwidert Ted ruhig.

„Lass es!", flüstert Benni. „Das hilft doch sowieso nicht."

„Genau! Also geh aus dem Weg, du dummer, kleiner Bengel", schreit Roland ihn an. Zwei seiner Kumpels schubsen Benni lachend weg. Er fällt hin. An einem Stein schürft er sich die Handflächen auf, nur mit Mühe hält er seine Tränen zurück. Er springt schnell auf und flieht.

„Ach Roland. Du kapierst es einfach nicht! Könnt ihr ihn nicht mal in Ruhe lassen? Was hat er euch denn getan?", faucht Ted wütend.

Schnell schwingt er sich in die Luft und saust wie ein Blitz an den Umstehenden vorbei. Er will den armen Bengel finden. Bennis gekränkten Blick vor Augen, beschleunigt er sein Tempo.

Ehe er sich versieht, befindet er sich am äußeren Rand der Stadt, die Verzweiflung und die Wut über die Ungerechtigkeit hatten ihn weitergetrieben. An der Stadtgrenze geht es tief hinab auf die Erde. Nur die Weihnachtsengel, erwachsene Engel, die diesen Bereich studiert haben, waren schon mal dort unten.

Plötzlich hört er einen erstickten Schrei. Entsetzt sieht er sich um, um die Quelle ausfindig zu machen. An dem dünnsten Streifen der Grenze baumelt ein junger Engel. Mit einer Hand hält er sich an der Kante fest. Er ist noch klein und kann noch nicht richtig fliegen. Vermutlich war er beim Spielen zu weit weggelaufen und dann kopfüber von der Klippe gestürzt. Im letzten Moment hatte er sich am Stein festgeklammert, aber er würde nicht mehr lange durchhalten.

„Hilf mir!", quiekt der verängstigte Engel.

Ohne zu zögern, beugt sich Ted herunter und greift verzweifelt nach seiner Hand. Ted versucht mit aller Kraft, das Kind hochzuziehen, doch langsam entgleitet er ihm. „Hilfe! Hilft mir doch jemand!", ruft er panisch. Er beugt sich weiter herunter, doch der Stein unter ihm bröckelt plötzlich und droht abzustürzen. Ted weiß, dass er den Jungen im Flug nicht würde tragen können. Verzweiflung macht sich in ihm breit. Wenn er den Jungen fallen ließe, wäre dieser verloren.

Plötzlich greift eine Hand den Fuß von Ted, noch bevor der Stein samt Ted und dem kleinen Engel in die Tiefe stürzt. Beide werden über den harten Stein nach oben gezogen.

„Ist alles okay?", schnauft ihr Retter und hilft ihnen hoch. Es ist der

junge Bengel Benni. Vor Erleichterung umarmen sich die beiden.
Noch ehe sie das Kind nach Hause bringen, spricht sich die Rettung wie ein Lauffeuer herum. Ein Bengel hatte zwei Engeln das Leben gerettet.
Ende gut, alles gut?
Ich muss euch noch das Ende der Geschichte erzählen. Die beiden wurden beste Freunde und setzten sich stark für die Rechte der Bengel ein. Ihre Freundschaft war die erste von vielen zwischen Engeln und Bengeln, die schließlich die Mauern der Vorurteile einrissen. Zwar würde es weiterhin Engel wie Roland geben, aber jetzt standen sie in der Minderheit.

Emily, 11 Jahre, aus Mainz, Deutschland.

Vom Bengel zum Engel oder doch lieber andersrum?

Ferdinand, 10 Jahre alt, lebt in einem Bengelinternat, na ja, besser gesagt in einem Bengel- und Engelinternat. Es sind zwei getrennte Wohnungen in einer großen Halle. Ferdinand muss zu den Bengeln, da er nicht das nötige Engelsbenehmen hat. Er spielt sehr gerne Streiche, das dürfen die Engel aber nicht. Bei den Bengeln wird alles sehr streng überwacht, selbst wenn man auf's Klo muss, soll man fragen. Außerdem müssen sie immer einen weißen Anzug tragen, den sie nicht schmutzig machen dürfen, und er ist sehr eng.

Bei den Engeln ist das anders, bei ihnen hört man immer schöne Harfenmusik, die der Engelschor spielt. Die großen Engel dürfen sogar schon fliegen, während das die anderen erst lernen müssen. Beim Essen schweben die ganzen Sachen zum Tisch hin, sodass es nie eine Drängelei gibt. Die Engel haben es gut.

Ferdinand wäre auch gerne einer von ihnen, aber dazu müsste er noch viel lernen, für Ferdinand zu viel.

„Aufstehen!", ertönt es wie jeden Morgen um 7.30 Uhr bei den Bengeln, dabei dürfen die Engel ausschlafen. Unfair oder? Ganz schnell müssen sich alle umziehen, denn wenn man zu spät zum Frühstück kommt (bei dem es nur Semmeln mit Butter gibt), gibt es ziemlich großen Ärger. Verschlafen zieht Ferdinand sich um und der Alltag beginnt wieder ...

Als alle im Saal sitzen, klingelt wie jedes Mal eine Glocke. Das heißt, dass man sich jetzt Essen holen darf. Ferdinand wartet, bis die Bengelmenge sich etwas aufgelöst hat, dann nimmt er sich auch etwas. Es ist sehr laut, für euch Menschen bestimmt zu laut. Nach dem Essen geht jeder wieder auf sein Zimmer, denn nun heißt es wie immer ... aufräumen ... „Was die Engel wohl gerade machen?", fragt Ferdinand seinen Zimmerkollegen Klaus.

Klaus seufzt: „Ach, ich weiß auch nicht! Das alles hier ist zwar blöd, aber ..."

„Schule!", ertönt es aus dem Lautsprecher.

„Aber was?", will Ferdinand von Klaus wissen, aber er ist schon weg. Ferdinand nimmt also seine Schultasche, heute mal die schwarze mit den weißen Knöpfen und den roten Stickern, und läuft zur Schule.

„Heute lernen wir zwei Stunden lang, wie man auf Bengelart addiert!", verkündet Frau Bestra.

Ferdinand quengelt: „Och nö! Nicht schon wieder Mathe!"

Alle schauen den Bengel an, auch Frau Bestra. Hat Ferdinand zu laut gesprochen? Er reißt die Augen auf und guckt zu Frau Bestra, die ihm einen scharfen Blick zuwirft.

„So, so", beginnt die Lehrerin.

Ferdinand weiß, dass das jetzt wieder der Beginn einer ewig langen Bengel-erklären-warum-Schule-so-wichtig-ist-Rede ist.

„Du kannst sehr froh sein, dass du überhaupt in der Schule bist! Glaub mir, lieber Ferdinand, ich unterrichte dich nicht umsonst! Ich denke nicht..." So geht das eine gefühlte Ewigkeit weiter. Als die Rede endlich zu Ende ist, beginnt dann doch der Matheunterricht.

Ferdinand ist etwas mulmig, weil jetzt jeder etwas Böses über ihn zu seinem Bengelnachbar flüstert.

„So, liebe Bengel", beginnt die Lehrerin. „Mal eine einfache Rechenaufgabe! Weiß wer, was 7 x 7 ergibt?"

„Ja! Ich! Ich!", ruft Ferdinand.

Frau Bestra (jetzt auch von Ferdinand *Frau Biestra* genannt), ruft ihn tatsächlich auf. „Ganz feiner Sand!", antwortet Ferdinand. Es rutschte einfach so heraus. Eigentlich wollte er die richtige Antwort sagen, aber das andere kam einfach heraus.

Stille. Frau Bestra wirft Ferdinand den schärfsten Blick aller scharfen Blicke zu (Wenn Blicke töten könnten, dann wäre der Bengel jetzt tot ...).

20 Sekunden sagte keiner etwas, na ja, genauer gesagt 22 Sekunden.

„Ferdinand!", schimpft Frau Bestra. „Es reicht!"

Ferdinand denkt, jetzt kommt schon wieder eine Bengel-Bloßstellen-Rede, aber Frau Biestra (jetzt offiziell von Ferdinand so genannt) meint nur: „Nachsitzen!"

Der Bengel wird rot. Ferdinand will am liebsten im Erdboden versinken, schade, dass das nicht geht. Als dann endlich nach zwei Stunden Mathe Bengelpause ist, stellt sich Ferdinand allein zu der alten Eiche. Normalerweise redet er dort mit seinen Freunden, aber heute will er mit keinem reden. Er hat keinen Hunger, deshalb isst er auch nur ein

paar Bissen. Wie jeden Tag gibt es eine Scheibe Salamibrot mit Salat.
Als der Gongschlag zur dritten Stunde ertönt, holt Ferdinand tief Luft und läuft zu seinem Klassenzimmer. Frau Biestra ist noch nicht da. In der nächsten Stunde hat die Bengelklasse dann Deutsch. Ferdinand hört gar nicht zu, das alles ist ihm egal.

Beim nächsten Gongschlag würde er Musik bei Herr Neuste haben, Ferdinand mag Herrn Neuste, er ist nett. Fünf Minuten vergehen, dann kommt Herr Neuste durch die kleine Bengeltür herein.

„Guten Morgen, ihr lieben Bengel", begrüßt der Musiklehrer die Schüler.

„Guten Morgen Herr Neuste", begrüßen sie ihn.

„Heute zeige ein neues Lied über gutes Benehmen!", ruft der Musiklehrer voller Begeisterung.

Das Lächeln aller Bengel verschwindet. Ein paar seufzen, ein paar verstecken sich in ihren eigenen Armen. Ferdinand stützt sein Kinn in seine Hände und schläft schon fast ein, doch dann schaltet Herr Neuste das Radio an, dreht auf volle Lautstärke und beginnt zu tanzen. Jeder Bengel zuckt zusammen, mancher muss kichern, andere halten sich die Ohren zu.

Ferdinand sitzt einfach nur gequält da.

Die ganze Stunde geht es so weiter. Gefühlte 100 000 Mal spielt Herr Neuste das Lied von vorne, bis es endlich klingelt. Jeder Bengel rennt aus dem Klassenzimmer zum Ausgang, nur Ferdinand nicht, er bleibt sitzen. Frau Biestra kommt herein mit drei Arbeitsblättern, zwei in Deutsch und eins in Mathe. Wortlos legt sie ihm diese auf den Platz, an dem er sitzt, und verschwindet auf dem Stuhl hinter dem Pult.

Ferdinand seufzt (diesmal leise), aber macht sich dann doch an die Arbeit. Als alles erledigt ist, darf der Bengel endlich gehen. Eine Stunde und 34 Minuten brauchte er für alle drei Arbeitsblätter. Ferdinand ist schlecht gelaunt. Er hat gar keine Lust auf seine Bengelkollegen, die eh nur noch Schlechtes von ihm halten. Zum ersten Mal spürt Ferdinand Wut und Trauer gleichzeitig. Er läuft in den Wald, weil er einfach mal allein ohne Frau Biestra sein will. Ferdinand setzt sich auf einen kleinen Felsen und da hört er etwas.

„Hilfe!", schreit irgendjemand. „Hilfe!", ertönte es sehr laut.

Ferdinand erschrickt. „Hallo?", fragt er viermal, dann macht er sich auf den Weg, der Stimme zu folgen. Der Hilferuf ist immer lauter zu hören.

Da sieht Ferdinand ein hilferufendes Mädchen im Wasser. Strömungen ziehen es mit, die Äste, an denen sich das Mädchen festhält, brechen ab und ständig taucht es unter.

Ferdinand zögert erst etwas, doch dann fällt ihm ein, das nicht mehr weit entfernt ein Wasserfall ist und dass das Mädchen direkt in diese Richtung gezogen wird! Ferdinand rennt los, doch was soll denn ein Bengel schon tun können, um jemanden zu retten? Ferdinand blickt sich nach Hilfsmitteln um und findet auch etwas – einen großen und dicken Ast! Ohne zu zögern, rennt Ferdinand so schnell er kann. Doch er stolpert. Angstschweiß bricht ihm aus. Er rappelt sich auf und will weiterrennen, aber sein Knöchel tut ihm weh.

Das Mädchen nähert sich dem Wasserfall! Ferdinand humpelt und humpelt weiter, aber es geht nicht schnell genug. Ferdinand beginnt nun, auch nach Hilfe zu rufen, aber in diesem Stück Wald hält sich keiner auf. Es gibt keine Hilfe.

Ferdinand humpelt einfach zu dem Mädchen ohne Hilfsmittel weiter. Er steckt seine Hand direkt vor den Anfang des Wasserfalls. Das Mädchen kommt immer näher. Auch sie steckt ihre Hand so weit sie kann aus. Als sich beide endlich an den Händen fassen können, zieht Ferdinand das Mädchen mit voller Kraft aus dem Wasser heraus. Sie holt tief Luft und hustet.

„Alles okay?", fragt Ferdinand.

„Danke! Ich heiße Milena, und du?", antwortet das Mädchen, das man vor lauter Husten fast nicht verstehen kann.

„Alles ist gut", tröstet Ferdinand sie. „Ich heiße Ferdinand."

Milena beruhigt sich etwas, aber zitterte trotzdem noch.

„Was machst du denn überhaupt hier? Wie bist du da reingekommen?", will Ferdinand wissen.

„Also, ich war spazieren und da es so warm war, wollte ich mein Gesicht etwas mit Wasser abkühlen. Aber plötzlich kam die Strömung und riss mich mit", erzählt Milena. Sie seufzt: „Noch mal danke. Wieso war ich denn auch so blöd und hab mein Gesicht ins Wasser gestreckt?"

„Du bist ja ganz kalt! Und deine Lippen sind ganz blau! Ich nehme dich am besten mal kurz zu mir ins Internat mit. Da gibt es Ärzte", meint Ferdinand. Milena schaut Ferdinand etwas unsicher an, geht dann aber doch mit. Sie hat immer noch nicht aufgehört zu zittern, aber wenigstens Ferdinands Bein ist wieder okay.

Als die beiden durch die Eingangstür kommen, ruft Ferdinand

gleich nach Hilfe und Frau Biestra eilt herbei. „Oh je! Wer ist denn das? Kommt mal bitte mit", meint sie und nimmt die beiden mit ins Krankenzimmer.

Milena setzt sich auf die Liege und erzählt die ganze Geschichte. Haargenau erklärt sie das ganze Ereignis, sodass Frau Biestra keine Fragen mehr stellen muss. Die Lehrerin wickelt Milena in eine Decke und gibt ihr Tee und Medizin. „Wo wohnst du denn? Wir können dich gerne nach Hause bringen, aber natürlich erst, wenn du dich erholt hast", versichert Frau Biestra dem Mädchen und nimmt ihm die leere Teetasse aus der Hand.

„Äh ... ja danke, ich wohne in der Sebenstraße, also nicht weit weg von hier", stottert Milena und zeigt in Richtung Norden. Als sie sich beruhigt hat und Ferdinand und Frau Biestra Milena sie nach Hause gebracht haben, ist der Tag schon fast vorbei. Ferdinand spricht mit Frau Biestra kein Wort mehr und Frau Biestra wechselt auch keines mehr mit Ferdinand.

Am nächsten Tag, als wie immer alle Bengel um 7.30 Uhr geweckt wurden, gibt es wieder Frühstück. „Guten Morgen Ferdinand", begrüßt Frau Biestra den verschlafenen Bengel, „könnte ich dich nach dem Essen bitte sprechen?"

Ferdinand nickt nur, er weiß, dass es um gestern, also um Milena, gehen wird. Als das Bengelfrühstück beendet ist, bleibt Ferdinand noch sitzen.

„Also Ferdinand."

Ferdinand zuckt zusammen. Er drehte sich um. Hinter Ferdinand beginnt Frau Biestra zu reden. Ferdinand hört ausnahmsweise mal aufmerksam zu. „Ich habe mir etwas überlegt. Du darfst einen Tag im Engelsinternat verbringen, wenn es dir dort gefällt, darfst du dort auch bleiben."

Ferdinand bekommt seinen Mund nicht mehr zu. Er auf die Engelsschule? Das war schon immer Ferdinands Traum! „Ja klar, gerne!", ruft Ferdinand voller Freude.

„Morgen um 11 Uhr kommst du bitte zu mir ins Büro, dann geht es morgen auch gleich los für dich!", erklärt Frau Biestra.

Ferdinand kann in der Nacht kaum schlafen, so aufgeregt ist er. Natürlich hat er es gleich seinen Freunden erzählt, die freuen sich für ihn mit.

Endlich ist es 11 Uhr und Ferdinand rennt mit seinem Schulranzen und seiner Tasche mit anderen Sachen, die er für einen Tag braucht, in das Büro von Frau Biestra. Sie gehen zu einer Tür, die zum Engelsinternat führt, und gehen hinein. Ferdinand hört schon von hier die Harfenmusik, die er von nun an jeden Tag hören wird.

Frau Biestra bringt ihn zu Frau Engelsberg. Sie begrüßt Ferdinand herzlich und bringt ihn auf sein Zimmer. Ferdinand soll mit den Engeln Felix und Mika in ein Zimmer und dort den Tag verbringen. Die drei lernen sich erst einmal kennen, während sich Frau Biestra mit Frau Engelsberg unterhält.

Ferdinand, Felix und Mika werden Freunde. Frau Biestra verabschiedet sich noch von Ferdinand, dann geht sie.

Gleich soll es Mittagessen geben und Ferdinand freut sich schon, die anderen Engel kennenzulernen.

„Aber gewöhne dich am besten nicht an die Fröhlichkeit von Frau Engelsberg, die kann echt blöd sein", warnt Felix Ferdinand. „Bei der darfst du nichts falsch machen."

„Na ja", mischt Mika sich ein, „eigentlich sind doch alle Lehrer hier blöd!" Ferdinand bringt nur ein leises „Okay" heraus, da sich in seinem Kopf so viele Fragen stellen. Er bekommt ein weißes Oberteil und eine himmelblaue Hose, so sehen hier alle Engel aus, nur eben ein paar mit Flügeln.

Plötzlich hört die Harfenmusik auf und Mika und Felix nehmen Ferdinand an die Hand. Sie laufen durch den Gang zum dritten Tor rechts. Vor Ferdinands Augen erscheint ein großer Saal mit mindestens 20 Tischen und vielen Stühlen. Mika und Felix laufen voran, Ferdinand hinterher.

„Boahr, ist das hier groß", staunt Ferdinand und drängelt sich neben Felix. Doch plötzlich wird es noch stiller, als es eh schon war.

„Soooo viele Stühle und Tische", redet Ferdinand weiter.

Mika gibt ihm ein Augenzeichen, dass Ferdinand jetzt lieber still sein sollte. Ferdinand blickt sich um, er sieht Frau Engelsberg mit verschränkten Armen. Sie sagt nichts, aber trotzdem weiß Ferdinand, was sie meint. Er schluckt und stellt sich hinter Felix. Als jeder an seinem Platz sitzt und jeder etwas zu essen hat, öffnet Ferdinand den Mund. Felix und Mika schütteln schnell den Kopf und Ferdinand nickt nur leicht.

Als jeder aufgegessen hat, darf jeder auf sein Zimmer.

„Wie streng hier", beschwert sich Ferdinand etwas leiser, nicht dass er schon wieder von irgendeinem blöden Lehrer angemault wird.

Mika rollt mit den Augen und stimmt Ferdinand zu. „Aber in einer halben Stunde erwartet uns eine neue blöde Aufgabe mit einem genauso blöden Lehrer", seufzt Felix.

„Welche denn?", will Ferdinand wissen.

„Engelbenehmen bei Herrn Engelbrei", antwortet Mika und seufzt ebenfalls.

„Na, alles klar bei euch dreien?", reißt Frau Engelsberg die Jungs aus dem Gespräch.

„Äh... ja alles klar!", antwortet Felix.

Frau Engelsberg lächelt und verschwindet dann wieder.

„Wieso tut sie denn dann immer so nett?", fragt Ferdinand.

„Na ja", meint Mika, „um neue Engel anzulocken, vermute ich."

Ferdinand ist noch immer verwirrt, aber er kann nicht weiter fragen, da eine Glocke ertönt. Er zuckt zusammen. Felix nimmt Ferdinand an die Hand und flüstert: „Engelbenehmen." Mika nickt Ferdinand zu und die drei laufen los. Ziel ist der große Engelsrasen.

Alle anderen Engel sind schon da.

Herr Engelbrei wirft ihnen einen strengen Blick zu. „Eine Minute zu spät. Noch einmal und ihr alle müsst nachsitzen!", verwarnt Herr Engelbrei die drei. Ferdinand will schon fast meckern, aber er behält es lieber für sich.

Mika presst seinen Zeigefinger an seinen Mund, sodass Ferdinand weiß, dass Reden hier streng verboten ist.

„So. Heute lernen wir das aufrechte Gehen. Wer kann denn mal zeigen, wie man aufrecht und elegant läuft? Ferdinand! Ja du kannst das doch sicher gut", fordert Herr Engelbrei den Neuen auf.

Ferdinand zögert erst, dann tritt er zu dem Lehrer. Er geht ein paar Schritte, aber Herr Engelbrei meckert gleich und streckt Ferdinands Rücken. Ferdinand geht also mit gestrecktem Rücken weiter. „Ja, so ist es gut!", lobt Herr Engelbrei ihn.

Als alle Engel durch sind und alle auf ihre Zimmer dürfen, lässt sich Ferdinand auf sein Bett fallen. Zum Glück gibt es in 20 Minuten Abendessen. Ferdinand, Mika und Felix reden in dieser Zeit nicht.

Beim Abendessen macht Ferdinand alles richtig und bekommt keinen Ärger, schließlich ist es ja sein letztes Abendessen hier.

Ja, richtig gehört, Ferdinand bleibt lieber bei den Bengeln. Er teilt Frau Engelsberg seine Entscheidung mit, woraufhin sie mit Frau Biestra telefoniert.

„Ja genau, holen Sie Ferdinand ab", ist der letzte Satz, den Frau Engelsberg spricht. „Na dann los, verabschiede dich dann mal noch von deinen Zimmerkollegen", fordert sie Ferdinand noch auf. Er tut das auch und eine dicke Träne rollt über sein Gesicht, als er mit Frau Biestra das Engelsinternat verlässt.

Zumindest lebt Ferdinand jetzt etwas glücklicher im Bengelinternat weiter.

Vivien, 10 Jahre, aus Nördlingen, Deutschland.

Ein fast braves Rudel

„Schau", flüsterte Jasper leise, „die Frau da."
Schnapp wuffte und Jasper beugte sich vor, um dem Hündchen über den Rücken zu streichen. „Die Brieftasche." Mit wedelndem Schwänzchen dackelte Schnapp über die Straße. Er wich knapp einem Auto aus und setzte sich vor das Kind.
„Mama, schau doch, ist der Kleine nicht süß?"
Als Schnapp wie wild in die Luft sprang und begann, seinen Schwanz zu jagen, bekam Jasper so einen Lachanfall, dass er sich, um nicht aufzufallen, hinter einen Kistenhaufen duckte. Das Teufelchen machte seine Sache gut, keine Frage.
Grinsend blickte Jasper wieder auf. Mutter und Sohn knieten neben dem Schoßhündchen und fütterten ihn mit Brotkrümeln, die er gierig verschlang. Dann machte Schnapp einen Satz und tauchte in die Manteltasche der Frau. „Hey!" Unter lautem Lachen zog sie ihn wieder hervor und versuchte ihm eine leuchtend rote Geldbörse abzunehmen. Doch daran war Schnapp bereits gewöhnt. Jasper beobachtete zufrieden, wie das Hündchen sich losriss und unter dem Geschrei der Frau die Straße hinabsauste.
Er selbst lief durch eine enge Gasse auf die nächste Straße und in Richtung Hafen. Heute war es noch voller als am Tag zuvor, und als er über den Fischmarkt ging, traf er Schnapp umgeben von einer kleinen Menschenmenge. Da er die Brieftasche nicht bei sich hatte, nahm Jasper an, dass sie bereits auf dem Boot war und Schnapp noch seine Tricks vorführte.
Als er kurz darauf über die Planke auf sein Boot stieg, schoss ihm ein kleiner Fellball kläffend entgegen.
„Hallo, Jolli." Glücklich kniete er sich zu seiner alten Hündin hinunter und kraulte ihr die Ohren. „Nee, ich hab nichts für dich. Lauf und klau dir was zu fressen." Sie knabberte kurz an seiner Jacke, sprang auf das Brett, das Jasper für die Hunde über die Lücke zwischen Boot und Steg gelegt hatte, und verschwand.

In der winzigen Kajüte zog Jasper die Box hervor, in die seine Hunde die geklauten Brieftaschen legten. In der roten waren nur wenige Münzen, in der von Jolli ergatterten jedoch ein beträchtliches Häufchen Geld. Heute Abend würde es Zeit zum Weiterfahren sein. Der Besitzer dieser Börse hatte Grund genug, die Polizei zu alarmieren. Als er Schnapp bellen hörte, schob er die Kiste zurück und trat auf das Deck. „Na Kleiner, was zu fressen gefunden?" Jasper strich über die fettige Schnauze. „Oh. Du hast ja einen Fan mitgebracht." Er lächelte dem kleinen Jungen zu, der ihn vom Steg aus anstarrte. „Na Teufelchen, den musst du bald wieder loswerden. Wir fahren heute weg. Die nächste Stadt ruft." Er wandte sich wieder dem Kind zu. „Wer bist du denn?" Statt einer Antwort drehte es sich um und lief davon. Jasper zuckte mit den Schultern.

„Ich geh noch Proviant kaufen, Schnapp. Du passt auf das Boot auf." Er sprang auf den Steg und ging an Land.

Als Jasper zurückkam, dämmerte es bereits. Vorsichtig balancierte er über das Brett und ließ den schweren Sack auf das Deck fallen.

„Jolli? Schnapp?" Stille schlug ihm entgegen. Er suchte auf dem kleinen Deck, dann trat er in die dunkle Kajüte. „Was ...?" Er trat gegen etwas, fiel der Länge nach hin und stieß gegen etwas Weiches. Jasper spürte wie Bewegung in den Raum kam und innerhalb weniger Herzschläge brach ein ohrenbetäubendes Gebell aus. „Halt!" Er sprang auf. „Niemand rührt sich!" Das Kläffen riss ab und er hörte drei Tiere atmen.

Langsam zog er seine Taschenlampe aus der Jacke. Im Lichtkegel standen Seite an Seite Jolli und Schnapp, die Zähnchen gebleckt. Vor ihnen lag ein riesiges, zottiges, schwarzes Etwas, über das er vorhin gestolpert war. Der fremde Hund hatte sich unterwürfig auf den Rücken gerollt.

„Oh nein", seufzte Jasper mit dem Anflug eines Grinsens. „Du bist ja fast so groß wie das Boot."

„Ihr Hund hat also diesen Herrn hier abgeleckt und ihm anschließend die Geldbörse aus dem Mantel gezogen?" Der Polizist kritzelte auf seinem Klemmbrett, während Jasper sich in Loops Leine stemmte, um zu verhindern, dass der zottelige Riese auch dem Beamten das Portemonnaie aus Hosentasche schnappte. „Und dann hat er ihn damit zu einem Spiel aufgefordert?"

„Ja." Mit leichter Besorgnis blickte er sich um, bereit für eine schnelle Flucht.

„Finden Sie nicht auch, dass Ihr Vieh ziemlich gefährlich ist? Der wär doch was fürs Tierheim. Wenn der bei der Größe so außer Kontrolle gerät "

„Ach", lachte Jasper bemüht und ließ die Leine los. „Der ist ganz *lieb*." Auf das Stichwort legte der Hund von der Größe eines Kalbes dem Polizisten die Pfoten auf die Schultern und schleckte ihm übers Gesicht, während Jasper davonrannte.

Jasper, ließ Loop an Bord und spannte das Segel auf.

„Es wird Zeit, dass wir hier wegkommen. In den Städten werden sie auf euch Bengel aufmerksam geworden sein. Besonders auf dich, Loop, meinen *lieben* Engel."

Bellend sprang das Rudel auf ihn und Jasper landete lachend auf den Planken, zusammen mit den drei Hunden, einem sehr großen und zwei Winzlingen. Und das kleine Boot trieb hinaus aufs Meer.

Emma, aus Berlin, Deutschland.

Bastian und die Räuber

Es war einmal ein Kind, das hieß Bastian. Bastian machte immer Blödsinn, zum Beispiel spielte er einmal Baseball mit einem Ei. Eines Tages war er in seinem Haus und er fand eine Schleuder. Also begann er, mit der Schleuder zu spielen, und versuchte, verschiedene Dinge zu treffen, irgendwann hatte er zehn Vögel geschossen. Danach schoss er auf seinen Papa.

Bastian dachte sich: „Mein Vater wird mich töten." Bevor sein Vater ihn aber sehen konnte, lief er sehr, sehr schnell weg und kletterte auf einen Baum, weil er Angst vor dem Schimpfen des Vaters hatte. Er versteckte sich auf dem Baum und wartete über eine Stunde.

Er fing gerade an, sich zu langweilen, da kamen drei Männer und setzten sich auf die Bank, die unter dem Baum stand. Er hörte die ganze Konversation. Die drei Männer machten einen Plan, um die Bank auszurauben!

Bastian wollte etwas tun, also er ging zur Polizei und erzählte ihnen den Plan der Räuber, aber die Polizei glaubte ihm nicht. Deswegen beschloss er, selbst etwas zu unternehmen. Er suchte seine Freunde, um mit ihnen zusammen einen Plan zu machen, wie sie die Räuber überwältigen konnten.

Bastian wartete täglich vor der Bank und sah die Männer ein paar Mal, aber es schien immer so, als sei der Tag noch nicht gekommen, an dem sie den Überfall planten. Eines Tages jedoch sah er die drei Männer vor der Bank und alle hatten Masken angezogen. Bastian rief seine Freunde mit seinem Handy an, damit sie ihm zur Hilfe kamen.

In der Zwischenzeit gingen die drei Räuber schnell in die Bank und klauten zwei Million Euro. Als sie herauskamen, verfolgte Bastian einen der drei Männer, aber er war viel zu schnell und lief einfach weg. In dem Moment kamen seine Freunde und sie verfolgten die anderen beiden Männer. Sie holten sie ein und umzingelten sie. Aber einer von ihnen entkam und lief auch weg. Da lief Bastian so schnell er konnte hinterher, holte den Mann ein und warf den Mann um.

Nun kam auch endlich die Polizei. Die Polizisten hatten bereits die anderen beiden Männer gefangen genommen und warfen nun noch den dritten von ihnen, den Bastian gefangen hatte, ins Auto und fuhren sie ins Gefängnis. Am Ende des Tages war Bastian der Held.

Daniel, Humboldt Schule, aus San Jose, Costa Rica.

Calvin und Hobbes in der Odyssee

Es war einmal ein Kind, das in München wohnte. Eine Sache, die sehr sonderbar war, war, dass er keinen Bruder hatte, aber einen Tiger. Besser gesagt einen Plüschtiger. Natürlich denkt ihr, dass es ein Plüschtiger nicht echt ist, aber die Freundschaft war es. Denn wenn Calvin – Entschuldigung, das Kind, was in der Geschichte erwähnt wird, heißt Calvin – mit seinem Plüschtiger Hobbes allein war, wurde er zu einem echten Tiger. Allerdings war er nur für Calvin sichtbar. Denn immer, wenn jemand anderes außer Calvin ihn sah, war er ein ganz normales Stofftier.

Wir befinden uns im Dezember ein paar Wochen vor Weihnachten an einem kühlen Morgen, an dem gerade frischer Schnee gefallen ist. Der ruhige Morgen wurde jedoch von einem großen Lärm zerstört. Calvin stand mit Hobbes im Vorgarten. Calvin hatte einen Baseballschläger in der Hand.

„Denkst du, das wird gut gehen?", fragte Hobbes unsicher.

Hobbes antwortete unsicher: „Ich weiß nicht." Hobbes nahm Baseballschläger und Baseball, warf den Baseball hoch in die Luft und mit dem Baseballschläger knallte er den Ball weg. Auf einmal passierte ein riesen Chaos: Der Ball knallte gegen die Mülltonne, prallte ab und gegen die Regenrinne, die abfiel, und es schepperte nur so. Aber da war das Chaos noch nicht zu Ende. Der Ball flog durch das Haus. Doch er nahm nicht den Weg durch die Haustür, sondern durch das Schlafzimmerfenster von Calvins Eltern.

Plötzlich war alles still – bis auf die wütenden Nachbarn, die wegen des Lärms aufgewacht waren. Aber aus seinem Haus war nichts zu hören. Calvin schnaufte auf. Er wollte gerade Hobbes sagen, dass ihre Idee eine sehr schlechte gewesen war, doch da hörten sie einen schrillen Schrei.

„Arrrrrrghh!" Und die wütende Stimme seines Vaters: „Calvin, komm sofort her!!!"

Calvin trottelte geknickt ins Haus.

„Calvin, warum hast du das getan? Der Schaden ist unglaublich teuer! Was sagst du dazu?!", brüllte Calvins Vater.

Calvin stotterte sanftmütig: „Aber das war Hobbes!" Er zeigte mit dem Zeigefinger auf Hobbes, der natürlich für seinen Vater nur ein Stofftier war.

Sein Vater sagte noch wütender: „So ein Quatsch! Als Strafe gibt es für dich eine Woche kein Fernsehen und keinen Nachtisch!"

Calvin wollte widersprechen: „Aber..." Doch sein Vater unterbrach ihn: „Nichts *aber*!" Er ließ Calvin stehen und ging davon.

Calvin fühlte sich schlecht. Er drehte sich um, um Hobbes zu sagen, dass das gemein war. Doch da war kein Hobbes. Er ging raus, um zu gucken, ob Hobbes dort war, aber er konnte ihn nirgends sehen. Doch plötzlich bekam er eine Wasserbombe an den Hinterkopf.

„Haha haha!", kam eine Stimme aus dem Baum vom Nachbargarten. Es war Hobbes. Calvin seufzte. So konnte das nicht weitergehen. Doch genau in diesem Moment kam Calvin eine super Idee: Er würde selbst so frech werden. Er sah einen Tannenzapfen, nahm ihn und warf ihn blitzschnell gegen Hobbes Nase. Hobbes machte einen Sprung nach hinten und sagte erschrocken: „Sag mal, spinnst du?!"

Calvin sagte böse: „Ich habe das alles so satt. Du nervst mich immer! Ich habe alles ausprobiert, dich nett zu machen, aber das Einzige, was ich nicht ausprobiert habe, ist so zu werden wie du. Einfach frech und gemein. Und das mache ich jetzt auch! Mal sehen, wie du das findest!"

Calvin rannte ins Haus. Er lief ins Zimmer und machte einen Rucksack fertig, um in den Wald zu gehen und sich zu verstecken. Hobbes würde sich schlecht fühlen und ihn da suchen. Und im Wald gab es definitiv genug Platz, um Streiche zu spielen. Er nahm den Rucksack und packte seine sieben Sachen. Na ja, nicht nur Siebensachen. Ein bisschen mehr. Auf jeden Fall packte er eine Reserve von Wasserbomben, eine Spielzeugpistole, eine Wasserpistole, einen Notizblock, einen Bleistift, ein Radiergummi, ein Campingzelt, ein Schlafzelt, ein Taschenmesser, einen Regenschirm, eine Taschenlampe, eine Regenjacke, eine Decke, ein Feuerzeug und einen Schlitten ein. Er schnürte all das zusammen, rannte runter in die Küche und packte sich drei riesen Brote ein, zwei Salamiwürste, zwei Käsepackungen, fünf Literflaschen Wasser, Besteck, Teller und Butter. Auf einmal hörte er seine Mutter. Da wusste er, dass er nicht so einfach in den Wald gehen konnte. Doch er wusste, dass es einen Ausweg gab.

Vor Kurzem hatte er einen Gutschein aus dem Himmel vom Weihnachtsmann bekommen, weil er die letzte Zeit so brav gewesen war. Diesen Gutschein löste er nun ein und er wünschte sich, dass seine Eltern versteinerten, und zwar so lange, bis er mit seinen Streichen fertig war und er wieder wollte, dass seine Eltern wieder normal werden sollen. Als er merkte, dass der Gutschein wirklich funktionierte und seine Eltern versteinert waren, war er bereit. Er lief in die Garage und warf alle Sachen in seinen Bollerwagen. Diesen befestigte er an seinem Mountainbike und raste los in den Wald.

Calvin fuhr zu seinem Baumhaus. Als er ankam, packte er zuerst alle Sachen aus, richtete alles ein und legte sich auf die Lauer. „Dieser Hobbes, man muss ihm mal zeigen, wie doof das ist, geärgert zu werden!", murrte Calvin. Er legte sich an den Rand des Wanderwegs, der in den Wald führte, auf die Lauer und wartete stundenlang.

Plötzlich kam eine Gestalt den Wanderweg entlang. Calvin erkannte Hobbes und feuerte wie verrückt auf den Tiger mit seinen Wasserwaffen. Als er nichts mehr hatte, nahm er sein Fernglas und beobachtete die gestreifte Kreatur wie sie plitschnass und vor sich hin brummelnd sein Zelt aufbaute. Calvin fühlte sich allerdings sehr schlecht. Er hatte noch nie so etwas gemacht. Er beschloss, sich hinzulegen und auszuschlafen.

Am nächsten Morgen hatte Calvin allerdings schon wieder vergessen, wie er sich nach den Streichen gefühlt hatte, denn es war frischer Schnee gefallen. Calvin hatte sich riesig darauf gefreut. Er freute sich so sehr, dass er im Baumhaus rumhüpfte, so sehr, dass das ganze Gerüst wackelte.

Wenn wir schon mal vom Baumhaus reden, es war uralt. Es war von Calvins Uropa. Dieser hatte es gebaut, als er selbst ein Kind war. Aber gut, nun war es aber Zeit, dass Calvin seine nächsten Streiche spielte. Also er zog seinen Schneeanzug, seine Mütze mit Mundschutz und seine Brille an.

Er nahm den Schlitten und einen Eimer und ging nach draußen. Er setzte den Schlitten ab und befestigte den Eimer daran. Er formte noch ein paar Schneebälle und füllte den Eimer damit. Er nahm den Schlitten und zog ihn auf einen Hügel hinauf, der direkt vor dem Zelt von Hobbes lag. Er setzte sich auf den Schlitten und raste hinunter, um Hobbes mit einem Schneeballsturm abzufeuern. Doch als er runterraste, bemerkte er auf halbem Weg, dass der Tiger gar nicht da war.

Doch plötzlich kam Hobbes mit seinem Snowboard und einem Bala-Schnee-o-mator, das ist eine Pistole, die Schneebälle schießt, heruntergelaufen und schoss Schneebälle auf Calvin.

Calvin sah auf der rechten Seite einen Hügel und überlegte, ob er noch genug Schwung hätte, um über den Hügel zu kommen. Er lenkte den Schlitten auf den Hügel und flog über den Hügel und Hobbes gleich hinterher. Doch Calvin warf dem Verfolger einen Schneeball ins Gesicht, sodass er hinfiel. Doch Hobbes rutschte weiter hinunter, griff nach Calvins Schlitten und hielt sich an ihm fest, sodass er Calvin mit sich zog.

Die beiden sausten Richtung See, der gerade zugefroren war. Aber Calvin sprang im letzten Moment ab, sodass Hobbes nur noch allein mit dem Schlitten auf den See zuraste. In letzter Sekunde warf Hobbes den Schlitten weg und *krcks, platsch* landete Hobbes auf dem Eis. Das Eis zerbrach und Hobbes landete plitschnass im See. Calvin packte schnell den Schlitten und rannte, so schnell er konnte, weg.

Hobbes fluchte noch ein bisschen vor sich hin, bevor er aus dem eiskalten See kletterte. Dann ging auch Hobbes langsam zurück. Doch Calvin war noch nicht fertig. Er sammelte auf dem Weg Material für Fallen. Er baute eine Bum-bum-Falle. Wenn man auf die Bum-bum-Falle trat, fielen einem Gegenstände auf den Kopf.

Als dann Hobbes auf die Falle trat, bröselten ihm fünf Tannenzapfen auf die Rübe. Er stapfte wütend wie ein Tiger, dem die Beute entwischt ist, zu seinem Zelt und schmollte dort. So ging es tagelang weiter. Während Hobbes immer deprimierter wurde und ihm einfach keine Fallen und Streiche mehr einfallen wollten, wurden Calvins Streiche immer besser und bösartiger. Einmal zum Beispiel, als Hobbes aus dem Zelt kam, hatte Calvin ihm ein Hornissennest vor die Zelttür gelegt. Ein anderes Mal hatte er Hobbes Schlafsack mit Kleber gefüllt.

Nach einigen Tagen lag Hobbes in einer Vollmondnacht völlig erschöpft und einsam unter dem zauberhaften Mond. Er murmelte: „Ich muss schon sagen, ich war ganz schön gemein zu Calvin ... aber einen Versuch hab ich noch."

Am nächsten Morgen saß Calvin draußen und aß sein Frühstück. Auf einmal explodierte neben ihm eine Wasserbombe und spritzte seine Schuhe nass. Calvin nahm den Bala-Schnee-o-mator und schoss Hobbes ab. Er verballerte alles, was er hatte.

Doch nach ein paar Minuten schrie Hobbes: „Calvin, es tut mir leid!

Es tut mir leid, dass ich so fies zu dir war! Vertragen wir uns wieder? Ohne dich ist das Leben nur halb so lustig."

„Ja, klar!", rief Calvin glücklich. Er rannte nach unten in Hobbes offene Arme. Calvin flüsterte: „Jetzt gehen wir heim!"

Auf dem Weg nach Hause lachten sie über die Streiche, die sie sich gegenseitig gespielt hatten, und versprachen sich, nie mehr Streiche zu machen. Na ja, fast nie mehr. Einen wollten sie noch machen. Und zwar zusammen.

An Heiligabend war der große Tag gekommen für ihren letzten Streich. „Wenn der Weihnachtsmann den Sack fallen lässt, packst du ihn und ich schlage ihm einen Löffel über den Kopf, okay Hobbes?"

„Ja, ist gut. Du, ich habe dir kein Geschenk gekauft", sagte Hobbes.

„Ich dir auch nicht, Kleiner. Frohe Weihnachten, Hobbes. Da ist der Weihnachtsmann. Schlag ihm eine über."

Dario, Humboldt Schule, aus San Jose, Costa Rica.

DIE ZWILLINGE

Eines Tages gingen Camilla und ihr Zwillingsbruder Felix zusammen zur Schule, da sie die gleiche Klasse besuchten. Das fand Camilla ziemlich blöd, weil Felix sie immer ärgerte. Heute hatten sie den ganzen Tag bei Frau Brecht. Felix hasste Frau Brecht und Frau Brecht mochte Felix auch nicht besonders gerne. Dafür liebte sie Camilla.

Nach der Schule gingen die Zwillinge immer zusammen nach Hause. Als sie an diesem Tag nach Hause gingen, sahen sie ihre besten Freunde, die auch zugleich ihre Nachbarn waren. Felix und Camilla brachten die Taschen in ihr Haus und liefen sofort zu ihren Nachbarn. Camilla rief laut: „Hey Nathalie, wollen wir Fußball spielen?"

„Ja, Camilla!", antwortete Nathalie fröhlich und schon waren sie verschwunden.

Da dachten sich Felix und Jonas, dass dies die perfekte Gelegenheit für einen Streich wäre. Also gingen sie unauffällig hinter den Mädchen her. Als die Mädchen eine kleine Pause einlegten, tauschten die Jungs den Ball durch eine Wasserbombe aus, die einem Fußball ähnelte. Als Camilla und Nathalie weiterspielten, schoss Nathalie den Ball zu Camilla, wodurch die Wasserbombe explodierte und Camilla klitschnass wurde und einen Schrei ausstieß, den man bis zu den Nachbarn hören konnte. Da riefen die Eltern der Zwillingen Camilla, und als sie sie so klitschnass sahen, wussten sie sofort, dass Felix dahintersteckte.

Nach dem Mittagessen redete Camilla keinen Mucks mehr mit Felix, so unfassbar sauer war sie. Die Eltern verdonnerten Felix zu einer Woche Hausarrest. Das machte Felix wiederum sauer und Camilla glücklich.

Etwas später machten Camilla und Felix Hausaufgaben. Allerdings dachte Felix an etwas ganz anderes. Er dachte an den Profi-Handballer Michael Kreus, der heute im Fernsehen kam und den er leider nicht sehen konnte, weil er kein Fernsehen durfte ... und damit ärgerte Camilla ihn. Aber es dauerte nicht lange und dann gab es Abendessen. Nach den Essen putzte Camilla sich schnell die Zähne und ging ins Bett. Felix allerdings blieb noch wach, weil er schon seinen nächsten Streich plante.

Am nächsten Morgen hatten die Zwillinge Geburtstag. Sie wurden zwölf Jahre alt und sie standen erst um 10.30 Uhr auf. Die Zwillinge hatten einander Geschenke gekauft, das Geschenk von Felix war ein besonderes Geschenk. Die beiden öffneten die Geschenke gleichzeitig. Als Camilla ihres öffnete, sprang plötzlich und schnell ein Clown aus dem Geschenk heraus. Da erschrak Camilla sehr. Das Geschenk, das sie für Felix gekauft hatte, war ein neuer, teurer und guter Handball. Und Camilla was sehr traurig, dass sich ihr Bruder schon wieder einen Streich mit ihr erlaubt hatte, währenddessen sie sich mit ihrem Geschenk für ihn ein Bein ausgerissen hatte. Sie rannte enttäuscht in ihr Zimmer, warf sich auf ihr Bett und weinte.

Nach einer Zeit kamen Nathalie und Jonas, um den Zwillingen zu gratulieren. Jonas und Felix rannten sofort mit dem neuen Handball hinaus. Nathalie ging zu Camilla ins Zimmer.

„Warum bist du hier?", fragte Camilla und schickte Nathalie aus dem Zimmer. Camila weinte so lange, bis sie einschlief. Was sie aber nicht wusste, war, dass Felix schon wieder einen Streich ausheckte. Und der hatte es wirklich in sich.

Als alle in der Nacht schliefen, stand Felix leise und behutsam auf. Er holte eine scharfe Schere, mit der er Camilla niederträchtig die Haare abschnitt. Camilla schlief allerdings so fest, dass sie es nicht bemerkte. Umso größer war der Schreck am nächsten Morgen. Camilla stand morgens auf und bemerkte erst einmal gar nichts. Erst als sie ins Badezimmer ging und sich vor den Spiegel stellte, betrachtete sie ihre Haare und fing an zu schreien. Jedes Mal, wenn sie in den Spiegel schaute oder sich mit den Fingern durch die Haare fuhr, musste sie schreien oder weinen vor Wut und vor Traurigkeit. Von dem Geschrei wachten ihre Eltern und Felix auf. Als die Eltern sie so sahen, erschraken sie. Felix stand in der Tür und lachte sich kaputt.

Die Eltern fragten ihn sauer: „Felix, warst du das? Hast du deiner Schwester die Haare so geschnitten?"

„Möglicherweise", antwortete Felix kichernd.

„Wie, *möglicherweise*? Hast du es verbrochen? Ja oder Nein?"

„Ok. Ja, ich habe ihr die Haare geschnitten!", gab Felix zu.

„Du hast Handballverbot und Hausarrest!", entschied der Vater von Felix. Die Mutter begleitete Camilla in das Kinderzimmer, um Camilla zu beruhigen. Währenddessen sprach der Vater mit Felix, dass er das nie wieder tun solle, da er sonst richtig Ärger bekommen würde. Felix und sein Vater konnten das Schluchzen von Camilla sogar aus der Küche hören, so laut war es. Camilla konnte nicht aufhören zu heulen, weil es so schrecklich aussah.

Am nächsten Tag zog Camilla eine Perücke an, um zur Schule zu gehen. In all den Jahren ging sie das erste Mal mit Nathalie zusammen zur Schule, und nicht mit Felix, denn Camilla wollte nichts mehr mit Felix zu tun haben. Also ging sie Felix den ganzen Tag aus dem Weg. Das war ziemlich einfach, da Felix das Haus für drei Wochen nicht verlassen durfte. Nur abends war es schwer. Nun ging Camilla immer erst ins Bett, nachdem Felix eingeschlafen war, weil sie Angst hatte, dass er ihr wieder einen riesenfiesen Streich spielen würde.

Am nächsten Tag wurden die Geschwister von ihrer Mutter liebevoll geweckt, um sich schnell für die Schule fertig zu machen. Natürlich hatte Camilla ihren Rucksack schon gepackt, nahm ihre Brotzeit und machte sich auf den Weg. Ihr Frühstück aß sie auf dem Weg zur Schule. Doch die Mutter rannte ihr hinterher und rief: „Halt, Stop! Heute hast du schulfrei! Komm zurück!"

„Mama, warum hast du mir das nicht schon früher gesagt, bevor ich aus dem Haus gelaufen bin?", schrie Camilla, während sie zurücklief. Felix war noch nicht mal losgelaufen.

Mittags gingen Felix und Camilla mit ihren Eltern in ein Restaurant. Danach gingen sie in ein Einkaufszentrum. Camilla durfte sich einen neuen Fußball kaufen und neue Fußballschuhe und als Strafe musste Felix alle Tüten tragen.

Als sie wieder nach Hause kamen, kamen Jonas und Natalie vorbei und sie gingen gemeinsam schwimmen. Felix durfte nicht mit, weil er das ganze Haus putzen und aufräumen musste. Nach einer Stunde kam Camilla wieder nach Hause und Felix war ungewöhnlich nett. Darum dachte Camilla, dass das wieder ein dummer Streich von Felix werden würde. Da Felix öfter so tat, als ob er nett wäre und dann einen fiesen Streich spielte. Deshalb wollte dieses Mal keiner etwas mit ihm zu tun haben, weder Camilla noch seine Eltern. Das machte Felix sehr traurig und zu Hause wurde ihm noch langweiliger, da er Hausarrest und Fernsehverbot hatte. Ausnahmsweise ging er früher ins Bett, um sich nicht so zu langweilen. Doch nach einer Zeit sah Camilla, wie traurig Felix war, und er tat ihr richtig leid. Felix entschuldigte sich bei Camilla und langsam fing sie an, ihm zu glauben.

Am nächsten Tag gingen die beiden zusammen zur Schule und schon war Felix wieder fröhlich. Er brachte Camilla zum Lachen und fragte sie sogar, ob er ihre Tasche tragen solle. Als sie in der Schule ankamen, bemerkte Camilla, dass sie ihre Brotzeit vergessen hatte und Felix fragte sie, ob sie sein Brot haben wolle. Da wusste sie, dass er sich wirklich geändert hatte und zu einem Engel geworden war.

Hanna und Victoria, Humboldt Schule, aus San Jose, Costa Rica.

Feen und Dämonen

Es war einmal in ein Königreich, das hieß Sternsand. Dort lebten vielen Feen, die waren sehr glücklich und natürlich magisch. In der Mitte des Königreichs gab es ein großes und schönes Schloss, da lebte Cora mit ihrer Familie. Cora war die Feenprinzessin, eines Tages würde sie die Königin sein. Das Königreich hatte zwei Amulette: den Zauberstab von ihrer Oma Maira, Maira war eine sehr mächtige Fee, und einen magischen Baum, der von Coras Vorfahren gepflanzt worden war. Beide waren sehr wichtig, magisch und einzigartig, sie waren eine Seltenheit.

Cora war ein sehr, sehr gutes Mädchen. Sie spielte gerne mit den jüngeren Feen und unterhielt sie mit schönen Geschichten. Obwohl Cora so süß war, waren nicht alle ihre Freunde so. Sydney, eine ihrer besten Freundinnen, war nicht das, was zärtlich und liebenswert genannt wird. Sie spielte gerne Streiche, bei denen von lustig bis grausam alles dabei war. Doch Cora schätzte sie, ungeachtet dessen, dass sie von Zeit zu Zeit zum Opfer ihrer Witze wurde.

Cora wollte an diesem Abend ihren Geburtstag feiern. Sie lud alle ihre Freunde ein. Aber Sydney und die allerbeste Freundin von Cora namens Luna würden in dem großen und geräumigen Schloss schlafen.

Luna traute Sydney nicht sehr, also vertraute sie ihr nichts an. Die beste Freundin der Prinzessin wusste, dass Sydney einen schlechten Einfluss hatte und dass sie im Grunde etwas neidisch auf Cora und Luna war.

Als alle Gäste gegangen waren, gingen die drei Mädchen in das Zimmer der Gastgeberin, als Sydney voller Angst bemerkte, dass sie ihre Aktentasche im Hauptraum vergessen hatte. Hektisch sagte sie: „Ich komme zurück, ich habe meine Aktentasche zurückgelassen, ich werde schnell gehen und sie holen." Sie sagte, dass sie buchstäblich fliegen würde, um sie zu holen.

Als Sydney im Hauptraum ankam und hoffte, dort ihre Aktentasche zu finden, war sie überrascht, sie dort nicht zu finden. Sie sah verzweifelt auf, aber wie erwartet, fand sie sie nicht. Also setzte sie sich an eine Säule, um über alles nachzudenken, was in dieser Nacht passiert war. Sie saß immer noch da und kam zu der Entscheidung, dass der Concierge sie weggebracht hatte, als etwas ihre Aufmerksamkeit erregte ...

Währenddessen warteten Cora und Luna ungeduldig auf die Ankunft ihrer Freundin. „Was glaubt sie denn, was sie mit uns machen kann? Sie lässt uns einfach hier warten. Sicherlich hat sie einen deiner Brüder gesehen und ist sabbernd hinter ihm hergelaufen!", beschwerte sich Luna wütend.

„Oh, hör auf, Sydney zu kritisieren, vielleicht hat sie sich verlaufen", erwiderte Cora mit Zuneigung in der Stimme. „Ich gehe sie suchen", fuhr sie fort, verließ den Raum und ließ Luna wütend dort stehen.

Was Sydneys Aufmerksamkeit erregt hatte, war ein Licht, das durch die Risse einer Tür zu sehen war. Als sie näherkam, konnte sie die Tür genauer erkennen, sie war wunderschön. Es war eine Holztür mit silbernen und goldenen Details und mit Weinranken drum herum. Sydney legte ihre Hand auf die Tür und wusste bereits, dass ihr Versuch umsonst sein würde. Als sich die Tür jedoch aufstoßen ließ, zwang sie sich, sie nicht viel zu öffnen. Überrascht und ungeduldig schob sie sich durch den Spalt in den Raum ...

Als ihre Augen sich an das Licht in dem Raum gewöhnt hatten, war Sydney von dem geräumigen Raum, den man für etwas so Kleines gebaut hatten, überrascht. Aber es war nicht wirklich die Größe, die das Mädchen verblüffte, sondern das kleine Objekt, das es enthielt. Sie näherte sich dem Objekt und konnte nicht glauben, was ihre Augen sahen. Sie murmelte vor sich hin: „Nein, nein, nein, das kann nicht sein." Es war der Zauberstab von Königin Maira. Sie nahm ihn in die Hand und bewunderte seine Schönheit in all diesem Licht, das der Zauberstab ausstrahlte, seitdem sie ihn in die Hand genommen hatte. Auf einmal erschien ein Schatten, allerdings bemerkte sie ihn aber noch nicht.

Der Fremde sprach mit sehr fester Stimme: „Lass den Zauberstab fallen, Mädchen." Sydney, die vor Angst fast starb, ließ den Zauberstab fallen und er zerbrach in tausend Stücke. Beide stießen einen erstickten Ausruf aus. Und der Fremde sagte wild: „Was machst du? Sie werden die Stadt zerstören!" Danach nahm er seine Maske ab und da entdecke Sidney, wer der Fremde war...

„Cora, bist du es? Was machst du hier?", sagte Sydney erstaunt, worauf Cora wütend und leicht sarkastisch antwortete: „Was ich hier mache? Ich bin gekommen, um dich zu retten! Und du ... DU! Wie dankst du mir? Oh, ja, ich habe es vergessen! Du brichst natürlich den Zauber meiner Großmutter. Sie ist in diesem Augenblick in großer Gefahr, wie alle anderen in diesem Reich, weil du eines der Amulette, die dieses Reich seit über 100 Jahren geschützt haben, zerstört hast."
Sydney war entsetzt über das Verhalten ihrer Freundin, wenn man sie überhaupt *Freundin* nennen konnte. Sidney war gelähmt vor Angst, weil Cora normalerweise lieb und geduldig ist. Aber das, was sie jetzt sah, war nicht die normale Cora. Sie wollte gerade etwas zu Cora sagen, doch Cora ließ sie nicht ausreden und unterbrach sie. Doch dieses Mal flüsterte sie: „Wir müssen hier raus. Komm, folge mir!" Sie packte das Mädchen am Handgelenk und flog mit ihr davon.

Als sie das Schloss verließen, bedeckten dichte, dunkle Wolken das Land und keine Fee war zu sehen. Sie waren weggelaufen oder der Teufel hatte sie gefangen. Da hörten sie ein Geräusch und sie versteckten sich. Dann hörten sie eine Stimme, die sarkastisch sagte: „Oh, ihr armen Feen, ihr glaubt, ihr könnt uns besiegen? Was für eine Schande!" Die Stimme wurde leiser und verschwand wieder.

Cora und Sydney folgten der Stimme unbemerkt. Die Stimme schien einem Dämon zu gehören. Die Mädchen mussten sehr vorsichtig sein, als sie aus der Stadt raus waren. Sie folgten der Stimme mit der Befürchtung, dass sie entdeckt werden würden. Sie gingen etwa ein bis zwei Stunden und endlich kamen sie zu einer Festung, wo der Dämon anscheinend an seinem Ziel angekommen war.

Sie folgten ihm in die Festung hinein. Der Ort war dunkel, nur das Mondlicht schien durch die Fenster, sodass man die schmalen Flure sehen konnte. Sie durchliefen mehrere Säle, hatten aber das Glück, keine anderen Dämonen zu treffen. Sie wunderten sich, dass sie noch keiner entdeckt hatte, doch schon bald wussten sie, warum. Denn schließlich kamen sie in einen Raum, in dem sich die Dämonen trafen und sich zur Ruhe setzten, das heißt, sie schliefen dort! Die Mädchen konnten nicht glauben, was sie dort sahen, versteckten sich in einer Ecke und warteten darauf, dass sie den Raum unbemerkt verlassen konnten.

Nach einer ganzen Weile wachten die Dämonen auf. Die Dämonen hatten sie absichtlich in das Zimmer geführt und so getan, als würden sie schlafen und die Mädchen nicht bemerken. Doch auf einmal waren alle Dämonen verschwunden und die beiden Mädchen, konnten hören, wie sie laut über die Feen lachten.

Da sie die Tür verschlossen hatten, kamen die Feen nicht mehr aus dem Raum heraus. Sie suchten nach einem Weg, um aus diesem Raum zu fliehen. Sie suchten und suchten, aber fanden nichts Nützliches. Cora hatte sich bereits hingesetzt und war einfach enttäuscht. Sydney aber suchte weiter und weiter, und als sie an Cora vorbeiging, setzte sie sich zu ihr hin und sagte mit sehr fester Stimme: „Cora, gib nicht auf, es ist noch nicht vorbei. Ich habe tatsächlich einen Weg gefunden, zu entkommen."

Cora war ermutigt und reagierte entschlossen: „Wie recht du hast, wir sollten nicht so einfach aufgeben!" So begann Sydney, nach den Materialien zu suchen, die sie brauchten, um dort rauszukommen. Sobald sie alles hatten, fingen sie an, zu arbeiten. Sydney brachte ein Seil mit, befestigte es an dem Türgriff mit einer klebrigen Substanz und dann fingen die beiden an, zu ziehen. Die Tür begann sich langsam zu öffnen. Sie waren frei! Nun mussten sie sich beeilen, um die Dämonen zu finden, ohne vorher von ihnen gesehen zu werden.

Schließlich fanden sie zwei Türen, die sich öffnen und einen Raum erkennen ließen, in dem es eine Menge Dämonen gab. Die beiden waren wütend auf die Dämonen, weil sie schon so vielen Feen ihre Freunde und ihre Familien genommen hatten.

Deshalb riefen sie: „Warum habt ihr unser Reich angegriffen? Warum habt ihr die anderen Feen entführt? Was wollt ihr? Warum seid ihr so schlimm?"

Derjenige, der der König der Dämonen zu sein schien, lachte sehr laut und sagte: „Wir bösen Jungs, wenn wir nur ein paar Freunde hätten. Es stellt sich heraus, dass dieser Wald sehr einsam ist und wir uns sehr oft langweilen, und als wir sahen, dass wir in das Reich der Feen eindringen konnten, wollten wir sehen, ob ein paar von ihnen kommen würden, um uns zu besuchen, aber keine wollte zu uns … Also nahmen wir sie einfach mit."

Cora antwortete: „Ich verstehe, dass man sich allein fühlt, aber man kann die Leute nicht einfach entführen. Ihr habt uns ganz schön Angst gemacht. Wenn ihr Freunde haben möchtet, müsst ihr das anders machen. Wenn ihr unsere Freunde wieder freilasst, können wir eure Freunde sein und helfen euch dabei, Freunde zu machen."

Dann hatten sie gemeinsam eine schöne Nacht, in der die Mädchen einen Friedensvertrag mit dem König der Dämonen schlossen und ihn baten, alle Feen zu befreien. Das tat er gerne und er fragte, ob die Dämonen das Königreich der Feen von Zeit zu Zeit betreten könnten. „Natürlich!", antwortete Cora und der König freute sich. Als der König erfuhr, dass der Zauberstab zerbrochen war, half er, ihn zu reparieren, und machte eine schützende Barriere gegen andere Feinde.

Am Ende wurden die Dämonen und Feen sehr gute Freunde und Cora und Sydney konnten nun noch viel mehr Abenteuer erleben und wurden die besten Freunde. Und wenn man sich fragt, was mit Luna passiert ist: Cora mochte sie nicht mehr so sehr, weil sie eifersüchtig und böse war.

Larisa, Humboldt Schule, aus San Jose, Costa Rica.

Nela ist weg!

Es waren mal vier Welpen, die waren sehr verspielt. Ihre Lieblingsorte waren ein knarzender Baum und ein altes Schloss. Sie waren immer an geheimen Orten versteckt. Sie waren gerade wieder einmal auf dem Weg zum alten Schloss. Doch um das alte Schloss betreten zu können, brauchten sie ein Passwort und bisher hatten sie nicht das richtige gefunden. Niemand kannte das Passwort. Auf dem Weg dorthin überlegten und überlegten sie, wie das Passwort lauten könnte.

Da sagte Nela: „Ich hab eine Idee für das Passwort."

„Was denn für eine?", fragte Olli.

„Die vier Welpen", sagte Nela nach einer kleinen Pause.

„Ja, das ist eine gute Idee", antwortete Nadi.

„Wir sind da!", rief Ulli dann prächtig. Sie schauten sich nervös an und sagten gleichzeitig: „DIE VIER WELPEN." Es knackte und die alte, große, schwere Tür öffnete sich langsam. Ulli traute sich als Erster rein und die Tür knarrte laut. Da schien Ulli dann auch nicht mehr so tapfer.

„Ulli, was ist denn los?", fragte Nela ein bisschen ängstlich.

„Ach, da ist doch nichts", überspielte Olli. Doch in dem Moment kam ihnen eine fliegende Katze entgegen. Sie erschraken und rannten ins zweite Stockwerk.

Es war auf einmal so still, als wäre nichts gewesen. Sie gingen erst einmal in die riesige Küche, um etwas zu essen.

„Boah, ich hab einen riesigen Hunger!", sagte Olli und öffnete den großen Kühlschrank, um etwas zu essen zu machen.

Sie setzten sich an einen riesigen Küchentisch und aßen eine riesige Portion Milchreis. Da fragte Ulli: „Wollen wir Verstecken spielen?"

„Ja, das ist eine gute Idee", antwortete Nela. „Und ihr? Wie findet ihr die Idee von Ulli?", fragte Nela.

„Also wir finden die Idee sehr, sehr gut", sagten die beiden gleichzeitig.

„Ok und ich zähle", sagte Olli bestimmend.

„Bis 50 ….?", fragte Ulli bittend.
„1 … 2 … 3 … Hinter mir, vor mir, ich krieg euch! Ich hab dich, Nadi!"
„Das war aber auch nicht so schwer!" Nadi hatte sich hinter Olli versteckt und wollte einen kleinen Spaß machen.
„Aber es ist lustig", sagte Olli. „So, und wo sind Ulli und Nela?", fragte Olli und machte sich auf die Suche. Nadi half auch beim Suchen. Die beiden suchten ziemlich lange und konnten niemanden finden. Olli rief: „Wo seid ihr denn? Wir können euch nicht finden!"
„Hier bin ich!", kam es unterm Küchentisch hervor und Ulli kam herausgekrochen.
„Ach, da warst du, obwohl ich die ganze Küche abgesucht habe", sagte Olli.
„Dann wohl nicht gründlich genug", grinste Ulli.
„Jetzt müssen wir nur noch Nela finden", sagte Nadi.
Zuerst suchten sie noch einmal die erste Etage ab und dann die komplette zweite Etage, aber Nela blieb verschwunden. Da rief Ulli laut: „Schaut mal hier draußen!"
„Was ist denn da?", rief Nadi zurück.
„Hier sind Spuren!", antwortete Ulli.
„Was denn für Spuren?", fragte Olli.
„Fahrradspuren", sagte Ulli bedrückt. „Ich glaube, sie könnten uns zu Nela führen. Wir müssen die Spuren verfolgen! Wir wollen Nela doch zurückhaben! Kommt mit!"
„OK!", sagte Nadi tapfer.
„Ihm nach!", sagte Olli genauso tapfer.
„Da, die Spur führt zum alten knarzenden Baum. Guckt doch mal da hinten", sagte Olli.
Die Spur führte zum großen Fluss. „Kommt, es wird Nacht und wir müssen hierbleiben", sagte Nadi verzweifelt.
„Ok, dann gute Nacht", sagte Olli müde und legte sich zu den anderen ins Gras.

„Guten Morgen, Nadi und Ulli", sagte Olli gähnend.
„Morgen."
„Morgen … ok, weiter gehts!" Sie gingen rüber zum Fluss. „Guckt doch mal da drüben! Da geht die Spur weiter!", rief Ulli.
„Aber wie kann sie mit dem Fahrrad hier durchgekommen sein?" fragte Olli. „Ist sier gefahren?", dachte Olli laut.
„Natürlich nicht!", sagte Nadi.

„Sie muss es geschoben haben", sagte Olli überlegend.
„Natürlich nicht!", sagte Nadi.
„Ok, aber wie ist sie dann rübergekommen?", fragte Olli.
„Na, du hast es ja schon gesagt", sagte Nadi.
„Was denn?", fragte Olli.
„Na, dass sie GELAUFEN ist, du Dummi!", sagte Nadi auch ein bisschen genervt.
„Ok, wenn ihr dann mal fertig seid ...", sagte Ulli so was von genervt.
„Ok, jetzt müssen wir da rüber", sagte Nadi.
„Was? Wir? Da rüber?"
„Na, du willst doch Nela wieder zurück, oder?", sagte Nadi selbstverständlich.
Da sagte Olli ganz sachte: „Ja, natürlich!"
„Ok, dann los!", sagte Nadi. „Wir müssen schnell rüberpaddeln."
„Womit sollen wir denn rüberpaddeln? Mit einem Boot?", fragte Olli schon wieder so dumm.
„Natürlich mit unseren Pfoten, du Dummi", erklärte Nadi schon wieder voll genervt.
„Wir haben Pfoten? Das wusste ich gar nicht", sagte Olli. „Ich dachte, wir haben Füße wie die Menschen."
„Was?", fragte Nadi.
„Na, ich dachte, wir haben Füße", erklärte Olli.
„Füße? Nicht dein Ernst?", sagte Nadi.
„So, jetzt ist Schluss damit! Wollen wir Nela zurückhaben? Ja oder nein?", fragte Ulli.
„Ja!", sagten Nadi und Olli gleichzeitig.
„Ok, dann paddeln wir los!", sagte Ulli.
„Warum paddeln?", fragte Olli. „Hmm, egal."
„Dann kommt jetzt!", sagte Ulli. Sie sprangen in den Fluss und schwammen hinüber.
„Wir sind fast da!", sagte Olli. Als sie auf der anderen Seite ankamen, erkannten sie, dass die Spuren weitergingen.
„Und jetzt weiter den Spuren nach!", befahl Nadi.
„Guckt mal da hinten", sagte Olli aufmerksam.
„Die Spuren führen zu einem Haus", erkannte Nadi. „Vielleicht hat ein Junge Nela entführt. Ob er ihr was antut?", fragte Nadi voller Angst.
„Hoffentlich nicht", sagte Olli ängstlich.
„Los, schnell hin!", rief Ulli.

„Ich höre sie!", sagte Nadi.
„Schnell, Tür auf!", sagte Olli. Sie warfen sich gegen die Tür und fielen in das Haus hinein.
„Nela!", riefen die drei erleichtert.
„Da bist du ja!", sagte Olli. „Wo warst du denn?"
„Hier. Immer hier! Ich hab diesen Jungen im Schloss getroffen, er heißt Emil. Er erzählte mir von diesem Haus und da bin ich mit ihm mitgegangen. Ich dachte nicht, dass ihr euch Sorgen machen würdet", antwortete Nela.
„Hat er dir was angetan?", fragte Olli bemitleidend.
„NEIN! Ganz im Gegenteil! Er hat mit mir gespielt und wir haben ganz lecker gegessen", sagte Nela glücklich. „Ich möchte hierbleiben", sagte Nela bittend.
„Du Angsthase willst hierbleiben?", fragte Nadi.
„Ja, und Mimi ist auch nicht so schlecht!", erklärte Nela.
„Mimi?", fragten die drei gleichzeitig.
„Ja, die fliegende Katze, die uns entgegengekommen ist", sagte Nela.
„Nadi, wie findest du das Haus?", fragte Olli.
„Total cool, können wir auch hierbleiben? BITTEE!!!", flehte Nadi.
„Von mir aus, ja" sagte Olli.
„OK, ok, ok … wir bleiben hier", stimmte Ulli zu.
„Juhu!", schrie Nela.
„MIIIIAAAAAUUUU!", stimmte die fliegende Katze mit ein.

Luana, Humboldt Schule, aus San Jose, Costa Rica.

DIE WILDEN WÖLFE

Es war einmal ein Kind, das Tom hieß. Er hatte eine Schwester, die Isabel hieß, und einen Vater, der Emilio hieß. Eine Mutter hatten Tom und Isabel nicht, da sie starb, als Tom gerade erst fünf Jahre alt war. Sie war in einem Wolfswald gestorben. Eines Tages wollten Tom und seine Schwester in den Wolfswald gehen, aber ihr Vater wollte das nicht. „Ich habe eine Idee", sagte Tom. „Wir können Papa sagen, dass wir den Sonnenuntergang im Wolfswald angucken wollen", sagte Tom.

Papa sagte: „Ok! Aber ich komme mit." Also gingen sie gemeinsam zum Wolfswald.

Als sie ankamen, sahen sie einen großen Wolf, der zu Tom sprach: „Hallo Tom! Ich bin Sebastian." Doch plötzlich sahen sie noch einen anderen Wolf und der Wolf Sebastian rief: „Oh nein, oh nein, oh nein!"

„Was ist los?", fragte Isabel.

Sebastian antwortete: „Er ist mein Bruder und er ist groß, kräftig und schmutzig. Darum nennen ihn alle anderen Wölfe im Wald *Bengel-Wolf*. Er hat nur böse Gedanken. Also schnell, rennt 30 Meter in diese Richtung, dann lauft ihr nach links, da findet ihr ein geheimes Versteck!"

Sie rannten sofort los. Als sie da waren, hörten sie ein lautes Lachen und kurz darauf sahen sie eine Frau. Sie hieß Olivia und war Toms und Isabels Mutter. Vater Emilio konnte zuerst gar nichts sagen, aber dann rief er laut: „OLIVIA!" Er war sehr glücklich, sie zu sehen.

Auch die Kinder riefen: „MAMAAA", und küssten ihre Mutter. Sie konnten nicht glauben, was sie sahen.

Dann erzählte Olivia, was passiert war. Sie sagte: „Der Wolf, der mich damals mitnahm, wollte mir nichts Böses. Er hat mich aus dem Fluss gezogen und gerettet. Er war ein guter Wolf. Er ist nicht schön, aber das bedeutet nicht, dass er böse ist."

Irgendwann sagte die Mutter: „Kommt, lasst uns endlich nach Hause gehen!" Sie gingen los, und als sie zu Hause ankamen, lag der Wolf Sebastian in Isabels Bett.

Olivia fragte ihn: „Willst du bei uns leben?"

Sebastian antwortete: „Ja, aber bestimmt wird die Polizei kommen und mich in einen Zoo bringen, dort wird mir niemand richtiges Essen geben", sagte Sebastian. Olivia fand, dass Sebastian im Haus bleiben sollte. Sie versprach ihm: „Wir werden dich gut verstecken, die Polizei wird dich nicht finden."

Der Wolf blieb, aber er hatte trotzdem ein bisschen Angst.

Ein Jahr später ...

Eines Tages kam die Polizei und schickte Sebastian in den Zoo. Er war sehr traurig und wollte nur noch nach Hause, aber Olivia wollte das nicht. Tom sagte zu seinem Vater: „Ich finde, Mama ist zu streng mit Sebastian, er will doch nur nach Hause."

Der Vater erklärte das Olivia. Sie konnte ihn aber nicht verstehen, also sagte Tom zu Isabel: „Wir haben eine Mission! Wir müssen Sebastian sofort zurück in den Wolfswald bringen."

Also gingen sie zum Zoo, um Sebastian zu holen. Dann brachten sie ihn in den Wolfswald. Als sie nach Hause kamen, schimpfte ihre Mama zwar mit den beiden, aber sie war doch ein bisschen glücklich, dass Sebastian nun wieder glücklich war.

Luisa, Humboldt Schule, aus San Jose, Costa Rica.

Die andere Welt

Es waren einmal zwei Freundinnen, die sich nicht ähnelten, sie hießen Carolina und Andrea. Carolina hatte dunkles Haar, schwarze Augen, war immer in leuchtenden Farben gekleidet und sie war eine sehr gute Schülerin. Andrea hingegen war hellhaarig, blauäugig, trug dunkle Farben mit hässlichen Schattierungen aus grauen und schwarzen Tönen und, zu ihrer Überraschung, war sie keine sehr gute Schülerin.

Ihre Lehrerin Joanna rief Carolina an, um mit ihr zu sprechen und um ihre Hilfe zu bekommen. Die Lehrerin sagte zu Carolina: „Ich fände es toll, wenn du mir helfen könntest, Andreas Noten zu verbessern."

Carolina antwortete: „Andrea ist meine beste Freundin, also werde ich dir helfen."

„Perfekt! Caro, erinnerst du dich an das Buch, das du mir damals gegeben hast?", fragte Joanna.

„Wenn ich mich recht erinnere, hat meine Oma es mir gegeben!", sagte Carolina enthusiastisch.

„Gut", sagte Joanna, „wenn du Andrea morgen zu dir nach Hause einladen und das Buch mitbringen kannst, wäre das perfekt!"

„Aber warum braucht Andrea das Buch?", fragte Carolina.

Joanna antwortete: „Du wirst sehen, wenn es einmal mit einem Schüler geklappt hat, wird es auch dieses Mal mit Andrea funktionieren."

„Ich vertraue dir dann mal einfach!", sagte Carolina.

Am nächsten Tag schaffte es Carolina, Andrea in ihr Haus einzuladen. Carolina tat, was ihre Lehrerin ihr gesagt hatte, und gab Andrea das Buch. Aber etwas Unerwartetes geschah. Als Carolina Andrea das Buch zeigte und es öffnete, kam ein strahlender Glanz aus dem Buch herausgeströmt, der den ganzen Raum durchflutete. Plötzlich wurden sie von dem Licht in das Buch gezogen. Carolina und Andrea verloren beide das Bewusstsein, weil sie so durchgewirbelt wurden. Als Carolina und Andrea das Bewusstsein wiedererlangten, sahen sie, dass sie nicht mehr im Haus von Carolina waren, sondern in einer anderen Welt. „Au", kommentierte Andrea wütend.

„Wo sind wir?", fragte Carolina genauso verblüfft wie Andrea.

„Ich weiß es nicht", antwortete Andrea schwindelig. Aber bevor sie etwas tun konnten, erschienen zwei Schatten. Sie konnten die beiden nicht richtig erkennen, weil sie immer noch etwas betäubt waren.

„Hallo!", sagte einer der zwei Schatten amüsiert.

„Ihr seid nicht von hier. Stimmt's?", fügte der andere Schatten hinzu.

Andrea sagte in unhöflichem Ton: „Nein, wir sind nicht von hier."

„Hey, rede nicht so mit ihnen!", flüsterte Carolina Andrea zu.

„Es tut mir leid", sagte Andrea ein wenig verlegen.

„Du merkst immer sofort, wenn jemand nicht von hier ist", sagte der erste Schatten.

Andrea fragte ängstlich: „Warum merkst du, dass wir nicht von hier sind?"

„Na, an der Kleidung! Das ist doch offensichtlich!", sagte der zweite Schatten.

„Aaah, klar, klar.", antwortete Andrea.

Einer der Schatten rief aus: „Sagt mir, warum hängt ihr noch so spät in diesen Wäldern herum?"

„Wir wissen nicht, warum wir so spät hier sind. Wir wissen nicht einmal, wo wir sind!", sagte Carolina.

Einer der Schatten schrie entsetzt: „Wie, ihr wisst nicht, wo ihr seid?!"

„Ja, wir wissen nicht, wo wir sind! Können Sie uns bitte sagen, wo wir sind?", fragte Carolina.

„Das ist doch ganz einfach. Wir sind in der Welt der Märchen."

„In der Welt der Märchen!?", riefen Carolina und Andrea einstimmig.

„Ja! Kommt jetzt schnell mit uns. Es ist nicht sehr sicher, so spät hier zu sein", sagte einer der Schatten.

„Warte einen Moment.", flüsterte Carolina Andrea zu.

Carolina sagte mutig zu den Schatten: „Woher wissen wir, ob wir Ihnen vertrauen können? Wir wissen nicht einmal, wer Sie sind!" „Das ist ganz einfach", antwortete einer der Schatten. „Ich bin Goldlöckchen und das ist Rotkäppchen."

„Rotkäppchen und Goldlöckchen!", flüsterten Carolina und Andrea im Einklang.

„Jetzt wisst ihr, wer wir sind und dass ihr uns vertrauen könnt. Also folgt uns jetzt schnell!", rief Rotkäppchen.

Nach ein paar Stunden kamen sie an einem Haus an, das von außen klein, schmutzig und vernachlässigt aussah. Aber innen war es völlig anders als das, was Carolina und Andrea erwartet hatten. Innen war es auf einmal groß, sehr sauber und es war sehr gut gepflegt.

Rotkäppchen rief: „Wir sind angekommen, endlich sind wir angekommen!"

„Das ist euer Haus?", fragte Carolina überrascht.

„Ja, ja, das ist es!", antwortete Goldlöckchen glücklich.

„Wow!", sagte Andrea überrascht. „Es ist sehr hübsch und sehr groß. Es ist super!"

„Danke, danke", antwortete Goldlöckchen dankbar.

Sie setzten sich alle auf den Boden auf riesengroße Sitzsäcke und machten es sich gemeinsam gemütlich.

„Und warum seid ihr hier, Mädchen?", fragte Rotkäppchen neugierig.

„Wir wissen es nicht. Das Letzte, an das ich mich erinnere, ist, dass ich Andrea ein Buch gezeigt habe und plötzlich ein strahlendes Licht aus ihm herauskam und dann *Puff!* waren wir hier", antwortete Carolina.

Andrea rief verzweifelt: „Wir wollen nur nach Hause gehen!"

„Vielleicht wurden sie aus ihrem Königreich verbannt", vermutete Goldlöckchen.

„Welches Königreich?", fragte Carolina verdutzt.

„Wir kommen aus San José!", erklärte Andrea.

„Was für ein seltsamer Name für ein Königreich. San Jose!", lachte Rotkäppchen.

„Aber dieses Königreich ist nicht in unseren Karten eingetragen. Ich kenne jedes Königreich in unserer Welt. Vielleicht sind sie aus einer anderen Welt", vermutete Goldlöckchen.

„Wenn ihr aus einer anderen Welt seid, dann haben wir nicht viel Zeit. Nur die gute Fee kann euch zurückbringen. Doch es ist eine lange Reise", erklärte Rotkäppchen den beiden Mädchen.

„Wir müssen jetzt gehen, wenn wir in dreieinhalb Tagen ankommen wollen", sagte Goldlöckchen.

Die vier Mädchen packten viele Vorräte ein und auch Zelte, Decken, um in der Nacht nicht zu frieren, und einige Landkarten, um den Weg durch die Tiefen der fünf Königreiche zu finden, durch die sie durchmussten, bevor sie das Königreich der Feen erreichen konnten. Es war eine lange Reise.

Um es kurz zu sagen, das Haus von Goldlöckchen und Rotkäppchen lag auf der anderen Seite der Welt.

Das erste Königreich, durch das sie gingen, war das der Trolle und Goblins. Dieser Tag war für Goldlöckchen, Rotkäppchen, Andrea und Carolina sehr schwierig, weil die Trolle sie gefangen nahmen und die Goblins sie versklaven wollten.

Goldlöckchen setzte zwei Tage lang ihren ganzen Charme ein und überredete die Trolle und die Goblins, sie freizulassen, ohne sie zu töten. Die Trolle sagten, dass sie die Mädchen gehen lassen würden, wenn sie sich einen Weg erkämpfen könnten. Es ging sofort los. Die Mädchen zögerten nicht lange, überrumpelten die Trolle und Goblins und erkämpften sich einen Fluchtweg. Rotkäppchen und Carolina hatten zwar Blutergüsse in ihren Gesichtern und an ihren Beinen und Andrea und Goldlöckchen hatten Prellungen im Gesicht, aber sie hatten es geschafft.

Der kleine Kampf mit den Trollen verspätete sie ein paar Tage. Nun würden sie nicht nach dreieinhalb Tagen ankommen, sondern erst nach fünfeinhalb Tagen. Sie waren darüber nicht sehr glücklich, zum einen, weil Andrea und Carolina zurück nach Hause wollten, und zum anderen, weil sie nicht so viel Zeit hatten, um zu der guten Fee zu kommen. Denn wenn sie zu spät kämen, würden sie nie wieder zurück nach Hause kommen.

Den vier Mädchen schmerzte der Körper und sie dachten lange über die Zeit bei den Trollen und den Goblins nach. „Na, was passiert ist, ist Vergangenheit", sagten sie sich.

„Die Reise muss morgen fortgesetzt werden", erklärte Rotkäppchen. „Jetzt müssen wir schlafen. Morgen wird ein langer Tag." Sie alle stimmten mit Rotkäppchen überein. Sie mussten sich ausruhen, wenn sie für morgen Kraft haben wollten. Denn morgen würden sie versuchen, durch zwei Königreiche zu reisen. Sie nahmen einen Weg, der sie ein bisschen von dem Königreich der Trolle und der Goblins wegführte, weil sie keine Probleme mehr mit ihnen wollten. Als sie an einer Lichtung ankamen, bauten sie ihre Zelte auf und machten sich bettfertig. Sobald sie fertig waren, nahmen sie die Decken heraus und gingen in ihre jeweiligen Zelte. Rotkäppchen mit Carolina und Andrea mit Goldlöckchen.

Am nächsten Tag wachten Goldlöckchen und Andrea um 3.00 Uhr

auf und weckten Carolina und Rotkäppchen, um ihre Reise zu beginnen.

„Goldlöckchen, bist du verrückt? Die Sonne ist noch nicht einmal aufgegangen! Lasst uns schlafen!", beschwerten sich Carolina und Rotkäppchen. Während Carolina und Rotkäppchen weiterschliefen, packten Goldlöckchen und Andrea ihre Zelte und Decken ein. Doch bis Rotkäppchen und Carolina aufgewacht waren, konnten sie ihre Reise in das Königreich des Schnees nicht fortsetzen. Und glaub mir, du wirst nicht wissen wollen, bis wann Rotkäppchen und Carolina noch geschlafen haben. Ich werde es dir sagen. Sie sind fünf Stunden später aufgewacht und dann brauchten sie auch noch eine halbe Stunde, um das Zelt und die Decken einzupacken.

Nun begann der Spaß dieser Reise. Denn da sie einen Umweg gehen mussten, um den Trollen und den Goblins nicht noch einmal zu begegnen, dauerte es nicht eine Stunde bis zur Grenze des Königreichs des Schnees, sondern drei Stunden. Es war eine anstrengende Wanderung mit dem ganzen Gepäck und den Umwegen. Doch als sie nun die Grenze des Königreichs der Trolle und der Goblins zum Königreich des Schnees überquerten, wurden sie direkt von drei Wachen empfangen. Die Wachen nahmen die vier Mädchen in ihre Mitte, um sie in einer Kutsche zum Schloss der Königin Schneewittchen zu eskortieren. Carolina und Andrea waren ganz aufgeregt, dass sie Schneewittchen treffen würden.

„Hey, warum seid ihr so aufgeregt, zum Schloss der Schneekönigin zu gehen?", fragte Rotkäppchen irritiert.

„Weil sie eine sehr gute Person ist", erwiderte Carolina.

„Warum sagst du, dass sie eine gute Person ist?", fragte Goldlöckchen.

„Weil", antwortete Andrea, „in unserer Welt hat sie ihr Dorf von der bösen Königin, die die Welt beherrschen wollte, befreit."

„Nun, hier ist leider das Gegenteil von eurer Welt", erklärte Rotkäppchen „Hier versuchte die Königin Eidy, das Königreich vor dem Schneewittchen zu retten, aber Eidy starb dabei, so sagt man. Ich glaube, es war Schneewittchen, das sie ermordete, aber das weiß niemand. Aber mit dem letzten Seufzer, mit dem letzten Wunsch, Schneewittchen zu besiegen, sprach Eidy einen Fluch aus auf Schneewittchen."

„Einen Fluch der Hässlichkeit oder einen Fluch des Schlafes?", unterbrach Carolina neugierig.

„Willst du es wissen oder nicht?", fragte Rotkäppchen genervt.
„Ich möchte es wissen, Entschuldigung", antwortete Carolina.
„Danke", flüsterte Rotkäppchen.
„Eidy sprach mit ihrem letzten Atemzug einen unbekannten Fluch des Schnees aus: Schneewittchen, keuchte sie, ich, Eidy, verfluche dich!", beendete Rotkäppchen ihre Geschichte. Goldlöckchen wurde während der Geschichte immer stiller und ihr Gesicht wurde immer roter. Doch als Rotkäppchen nun Eidy nachmachte, konnte sie nicht länger an sich halten und fing an zu lachen.
„Es ist ein Witz!", prustete Goldlöckchen.
„Natürlich war es ein Witz. Ihr glaubt einem ja auch alles! Es war nur, um euch zu unterhalten, bis wir im Schloss ankommen", erklärte Rotkäppchen.
„Ay, Rotkäppchen, du und dein Sinn von Humor!", lachte Andrea.
„Also nur zum Verständnis", sagte Carolina, „Schneewittchen ist in beiden Welten gleichermaßen gut?"
„Ja klar", antwortete Goldlöckchen. „Oh, wir sind schon da!"
„Steigt aus der Kutsche, die Königin wartet auf euch!", befahl eine der Wachen.
„Hallo", sagte eine süße und schöne Stimme, „ich habe speziell auf euch gewartet, Goldlöckchen und Rotkäppchen. Meine Juwelen aus meinem Grab wurden gestohlen und ich glaube, das wart ihr. Diese Juwelen erinnern mich an den Kuss, den mir mein Ehepartner gegeben hat, um mich aus dem tiefen Schlaf zu wecken, in dem ich wegen der bösen Königin war. Jetzt gebt sie mir bitte zurück, es sei denn, ihr wollt euch dem Rat der Feen stellen."
„Wir haben sie nicht!", schrie Rotkäppchen.
„Bitte glaube uns, wir haben deine Juwelen nicht!", erklärte Goldlöckchen.
„Sir Lampton! Bereiten Sie bitte einen Wagen vor, um uns ins Königreich der Feen zu bringen", sagte Schneewittchen.
„Ja Majestät", antwortete Lampton, „aber ihr Ehemann würde dem wahrscheinlich nicht zustimmen, wenn er hier und nicht mit seinen Brüdern auf einem Ausflug wäre."
„Ich bezweifle es, aber es interessiert mich jetzt auch nicht. Ich bin auch Königin", antwortete Schneewittchen.
„Ok, ich bereitete schon die Kutsche vor", sagte Lampton und lief sofort los.
„Jetzt werde ich ein paar Briefe an das Reich der Goblins und der

Trolle, in das Reich des Traums, in das Königreich des verzauberten Schlosses und in das Königreich der Feen schreiben. Margaret, bitte rufe die Schwäne, damit sie diese Briefe zustellen", kommandierte Schneewittchen Margret.

„Wie Ihre Majestät befehlen", sagte Margaret.

Kurz darauf kamen fünf Schwäne mit Briefen, die eine Antwort enthielten für Schneewittchen. Schneewittchen hatte alle Königreiche gebeten, zum Rat der Feen zu kommen, und alle hatten zugesagt. Darüber war Schneewittchen sehr glücklich.

Aber Andrea wollte nicht einfach so gehen, nicht, ohne auch hier mal unartig gewesen zu sein. Sie hatte einen Ruf zu verteidigen, denn alle wussten, dass Andrea immer gerne Blödsinn machte, und das sollten auch die Lebewesen in dieser Welt wissen.

So entkam sie den Wachen und schlüpfte durch die Gänge des Schlosses, bis sie ein Zimmer voller Kronen fand. Die Kronen waren wunderschön und Andrea konnte nicht widerstehen und nahm eine Krone und versteckte sie unter ihrer Kleidung. Genau in diesem Moment kam Sir Lampton und erwischte Andrea. Die Wache wurde sehr wütend und bugsierte Andrea hinaus. Allerdings hatte er nicht gemerkt, dass Andrea eine Krone eingesteckt hatte.

„Schneewittchen, dieses Mädchen verspottet die Wachen. Es wollte aus dem Schloss entkommen. Aber wir haben es gerade noch rechtzeitig erwischt", sagte Sir Lampton.

„Danke", antwortete Schneewittchen auf diese Information.

„Die Wagen sind bereit, Ihre Majestät!", schrie eine Wache.

Schneewittchen erwiderte: „Dann lasst uns die Reise beginnen."

Die Reise dauerte zwei Tage, aber sie hatten das Reich der Feen immerhin erreicht.

Der Rat der Feen und die anderen Königinnen warteten bereits auf Schneewittchen. Besonders freute sich Schneewittchen, die gute Fee zu sehen. Denn die gute Fee und Schneewittchen sahen sich nur sehr selten, weil Schneewittchen fast immer in ihrem Schloss war und die gute Fee zwischen den Welten reisen musste.

Als Schneewittchen von der Kutsche herunterkam, rief sie aus: „Endlich, fester Boden unter den Füßen! Jetzt komm mit mir!", sagte Schneewittchen zu den vier Mädchen. Kurz darauf hörten sie, dass die gute Fee auch angekommen sei. Endlich konnte das Treffen, das Schneewittchen eingefordert hatte, beginnen. Allerdings hatte noch keines der vier Mädchen die gute Fee gesehen. Sie hatten aber gehört, dass sie eine ältere Person war, die gut, lieb und ein bisschen locker war.

Sie gingen alle in den Gerichtssaal und warteten. Nach einigen Minuten wurden die Türen endlich geöffnet, damit das Gericht eintreten konnte. Und auf einmal war da ein Schrei. Ein Schrei von Caro. Als Caro die gute Fee sah, schrie sie: „Mein Gott, Oma!"

„Caro, was machst du hier?", fragte die gute Fee, die anscheinend die Oma von Caro war.

„Das Buch hat mich und Andrea hierher gebracht", antwortete Caro.

„Andrea, deine Freundin? Sie ist auch hier?", fragte Oma.

„Ja, sie ist auch hier", sagte Caro.

„Warten Sie einen Moment. Wir müssen das Meeting aufgrund von Komplikationen abbrechen. Ich bringe die zwei Mädchen in diesem Moment zurück zur Erde, wo sie herkommen, um dort das Treffen fortzusetzen", sagte die gute Fee.

„Warte einen Moment, Oma", sagte Caro. „Kannst du nicht Goldlöckchen und Rotkäppchen vergeben? Sie haben uns während dieses Abenteuers so viel geholfen! Bitte?"

„Ich werde darüber nachdenken, aber jetzt muss ich euch erst einmal zurück zur Erde bringen."

„Auf Wiedersehen", sagten Andrea und Carolina zu Rotkäppchen und Goldlöckchen.

„Bis zum nächsten Abenteuer", antworteten sie.

Und mit einem Wimpernschlag kehrten Andrea und Carolina nach Costa Rica zurück, als wäre keine Minute vergangen, nachdem sie in das Land der Märchen katapultiert worden waren.

Nur eine Krone, die noch bei Andrea unter dem Pullover war, bewies den beiden Mädchen, dass sie tatsächlich in einem anderen Land gewesen waren. Und mit dieser Krone und dem vergangenen Abenteuer gelang es Andrea tatsächlich, fröhlicher und eine bessere Schülerin zu werden. Denn nun wollte sie auch einmal eine gute Fee in einem anderen Land werden.

Nicole, Humboldt Schule, aus San Jose, Costa Rica.

Gustav, der Freche

Vor 2018 Jahren ist Jesus Christus geboren. Gott hat erst die Welt gemacht. Dann machte er verschiedene durchsichtige Engel, damit sie auf die Menschen aufpassen konnten, die er ein Jahr später machte. Er wartete damit ein Jahr, weil er wusste, dass so intelligente Wesen gefährlich werden könnten. Die Menschen haben sich 2017 Jahre lang gut miteinander verstanden, aber im Jahr 2018 änderte sich alles. Ein gestresster Mann und eine komplizierte, schwierige Frau hatten ein Kind, das mit roter Haut und zwei Hörnern auf dem Kopf geboren wurde. Sie nannten es Gustav. Gustav hatte seine Mutter schon bei der Geburt sofort voll gepinkelt und einen Monat später, ohne dass sein Vater es merkte, hatte Gustav ihm in die Suppe gekotzt.

Später beim Abendessen fragte der Vater: „Sag mal, was ist das für eine Suppe?"

Und schnell antwortete der Junge: „In der Suppe ist Spinat, Tomaten, Cornflakes, Nudeln und Brokkoli drin!" Schnell spuckte der Vater die Suppe aus und schimpfte mit der Mutter. Gustav lachte sich kaputt und niemand wusste, warum.

Als Gustav vier Jahre alt war, hatte er seinen ersten Schultag. Er war gar nicht glücklich. Als er aufstand, machte er seine ganze Kleidung kaputt. Aber seine Mutter zwang ihn, seine alte Kleidung anzuziehen. Als sie frühstückten, aß Gustav nur die Hälfte und die andere Hälfte warf er durch das ganze Haus.

Als er in den Schulbus stieg, schmiss er das Gepäck von den anderen Leuten aus dem Fenster, damit er Platz für sein eigenes Gepäck hatte. Aber als er dann in der Schule ankam, änderte sich alles. Als Gustav aus dem Bus ausstieg, stellte er einem Jungen ein Bein, sodass der hinfiel. Plötzlich merkte er, wie ihn jemand schubste und dann sagte er: „Warum, schubst du mich?"

Ein Junge antwortete: „Weil du ihn geschubst hast. Und er ist mein Freund!"

Da ging Gustav sauer weg.

Als Gustav verärgert im Klassenraum ankam, schmierte er ganz heimlich Kleber auf den Lehrersitz, und als es klingelte, rannte er schnell zu seinem Sitzplatz. Erst als er sich setzte, merkte er, dass er auf dem vollgeschmierten Lehrerstuhl saß. Er spürte den Kleber und verstand, dass er nicht aufstehen konnte. Er klebte fest. Gustav war so sauer, dass er nicht mehr wusste, was er machen sollte. Er sprang auf vor Wut und seine Hose riss. Alle konnten seine Unterhose sehen, das war ihm sehr peinlich. Als er später an seinem Schließfach ankam, fand er eine Karte, auf der stand:

8. Februar, 7.30 Uhr. Willst du mein Freund sein?

Gustav staunte, als er das las. Er hätte nie gedacht, dass jemand sein Freund sein wollte.

Als er wieder zu Hause ankam, war er gestresst wie nie zuvor und konnte nur noch an die Karte denken. Er überlegte eine ganze Woche, ob er einen Freund haben wollte, denn er wusste, dass er fast keine Streiche mehr spielen konnte, sobald er einen Freund hatte. Er dachte: „Es ist so schön und lustig, anderen Leuten Streiche zu spielen Aber ich bin immer so alleine und ich möchte einen Freund haben."

Am Freitag kurz vor Schulschluss entschloss sich Gustav dann, damit aufzuhören. Er sagte sich: „Streiche zu spielen, macht Spaß, aber wenn einem selbst ein Streich gespielt wird, ist das nicht mehr so lustig."

Nach der letzten Stunde kam ein Junge zu ihm und fragte: „Und? Wofür hast du dich entschieden?"

Und Gustav sagte fest entschlossen: „Ja, ich möchte dein Freund sein!" Seit diesem Tag war Gustav ein sehr glücklicher und lieber Junge, und zwar ohne rote Haut und Hörner auf dem Kopf.

Sebastian, Humboldt Schule, aus San Jose, Costa Rica.

DAS REINSTE HERZ

Es gab einmal eine Zeit, in der die kleinen Mädchen, die ein reines Herz besaßen, mit Flussnixen, Elfen und anderen magischen Wesen sprechen konnten. Niemand anders konnte sie sehen oder hören. Für alle anderen gab es sie einfach nicht.

Ein solches Kind war Mira. Sie lebte mit ihrer großen Schwester Titania und ihrem kleinen Bruder Eric unter erbärmlichen Umständen in einem Land, nicht weit von hier. Das Land wurde von Königen regiert, die an einen Fluch gebunden waren. Niemals würden sie sterben, hieß es, bis sie nicht das reinste Herz der bekannten Welt gefunden und es den Dämonen geopfert hätten.

Titania legte Eric und Mira immer beruhigend eine Hand auf die Schulter, wenn die Soldaten der Könige kamen und die Dörfer durchsuchten. Manchmal nahmen sie ein Kind aus einer der Familien mit, um es den Königen zu bringen. Aber bisher wurde jedes wieder nach Hause zurückgebracht.

Mira konnte sich vorstellen, dass die Könige unendlich müde und niedergeschlagen waren. Sie lebten alle schon so viele Jahre unter dem Fluch, ohne das Herz zu finden, das sie befreien konnte, und würden auch noch ewig weiterleben, wenn sie es nicht finden würden.

Eric hatte schreckliche Angst, dass er dieses Herz haben könnte und um sicherzugehen, dass er kein reines Herz besaß, fing er zu stehlen an, obwohl er erst vier Jahre alt war.

Titania machte sich anscheinend auch Sorgen, aber Mira war immer ruhig. Sie hatte Mitleid mit den Königen und wusste, dass sie, wenn sie das reinste Herz der Welt hätte, sogar selbst zu den Königen gehen und sich opfern würde. Sie fragte Lina, das Mädchen aus dem Nachbarhaus, wie die Herzen geprüft würden, denn Lina wurde vor wenigen Monden von den Soldaten mitgenommen. Sie sagte, dass die Herzen von den Dämonen selbst geprüft würden. Sie war ohnmächtig geworden und währenddessen wurde ihr Herz untersucht.

Lina sagte, dass sie heilfroh sei, wieder nach Hause gekommen zu sein.

Mira dachte nach. Wenn sie bereit wäre, ihr Herz zu geben und alle anderen nicht, wäre sie dann nicht eigentlich das reinste Herz? Sie dachte den ganzen Tag darüber nach, und als die Sonne hinter dem See untergegangen war, legte sie sich zum Schlafen vor den Kamin, denn sie hatte weder ein eigenes Zimmer noch ein eigenes Bett. Mit Eric war es genauso und so kuschelte er sich auf dem steinernen Boden zwischen Miras Arme. Wie jeden Abend wurde Mira unendlich traurig. Seit ihre Eltern gestorben waren, arbeiteten die drei Geschwister hart, um ihren Lebensunterhalt zu verdienen. Vor allem Titania gab nur selten Ruh'. Wenn Mira und Eric eingeschlafen waren, legte sie sich zu ihnen und stand auf, noch ehe die beiden aufwachten.

Tränen liefen über Miras Wangen, als sie an ihre Eltern dachte. Mutter war immer so lieb und fröhlich gewesen und Vater hatte die tollsten Geschichten erzählen können. Mitten in der Nacht fasste sie einen Entschluss. Sie würde gleich morgen zu den Königen gehen und ihnen ihr Herz geben.

Als Mira erwachte, schlief selbst Titania noch. Leise umarmte und küsste sie ihre schlafenden Geschwister ein letztes Mal und schlich aus dem Haus. Sie wanderte den weiten Weg zum Schloss der Könige. Bis sie plötzlich einen entsetzlichen Schmerzensschrei hörte. Geschwind rannte sie in die Richtung, aus der der Schrei kam. Und dann sah sie es. Alina, das Elfenmädchen, war in die Fänge einer Bärenfalle geraten und da Elfen sehr klein sind, hatten die gefährlich scharfen Zacken der Falle ihr Bein bis unter die Hüfte eingeklemmt. Alina schrie und wand sich unter den Qualen. Bestürzt griff Mira nach einem dünnen Ast und brachte die Falle schließlich dazu, sich öffnen. Alina schrie und weinte immer noch und aus einer Wunde, die ihr linkes Bein fast von dem restlichen Körper abtrennte, schoss rubinrotes Elfenblut. Verzweifelt überlegte Mira, was sie hätte tun können, doch zwischen den Zweigen der Sträucher kamen die Elfen Felix und Paula angelaufen, wie der Blitz waren sie bei Alina. Felix kannte sich mit Heilung aus und versorgte Alina so gut es ging.

„Hab' tausend Dank, Mira!", flüsterte Paula nach einer Weile.

Alina lag leblos auf der Erde.

„Alina wird viel Zeit brauchen, um wieder gesund zu werden, aber sie verdankt dir ihr Leben!"

„Es tut mir unendlich leid!", hauchte Mira.
„Das ist nicht deine Schuld, du hättest es nicht verhindern können. Aber ohne dein reines Herz wäre Alina vielleicht sogar umgekommen."
Reines Herz.
„Ich muss los", rief Mira, sprang auf und lief davon. Jetzt war sie sich sicher, dass das reinste Herz ihres war.
„Wer ist denn da?", fragten die Könige, als Mira in einen großen Saal geführt wurde.
„Ich möchte mein Herz prüfen lassen", sagte Mira fest, holte jedoch tief Luft. „Habe ich das reinste Herz, schenke ich es den Dämonen, damit ihr frei seid."
Die Könige machten erstaunte Gesichter. Mira trat vor. Die Stimmen der Dämonen waberten durch die Luft und schienen immer näherzukommen. Mira ballte die Hand zur Faust und schloss die Augen. Dann wurde sie ohnmächtig ... für immer.

Emma, 12 Jahre, aus Eisenach, Deutschland.

DER KLEINE BÖSEWICHT ZU HAUSE

Genau in dem Moment, als meine Eltern meinen Bruder zum ersten Mal nach Hause brachten, wusste ich, dass ich es mit meinem Bruder nicht leicht haben würde. Damals konnte ich gar nicht verstehen, was es bedeutet, einen Bruder zu haben. Für mich war er nur ein anderes Spielzeug, damit ich viel Spaß haben konnte.

Das habe ich zumindest gedacht. Nach nur ein paar Sekunden begann er zu heulen, und wegen seines Schreies war ich zu Tode erschrocken, dieses Baby war viel zu laut. Ich hielt mir die Ohren ganz schnell zu und ging in mein Zimmer. Ich hoffte, dass irgendjemand, egal ob es meine Mutter oder mein Vater war, mir folgen würde. Ich wollte, dass sie sich um mich kümmerten, aber niemand kam hinter mir her und ich war – als dreijähriges Kind – wirklich sehr enttäuscht.

Zuerst wollte ich nicht aus meinem Zimmer rauskommen, da sich keiner um mich sorgte. Ich wollte jedoch das Baby noch einmal sehen und darum entschied ich, dass keine Zeit für Sturheit war. In dem kleinen Wohnzimmer waren meine Eltern und meine Oma zusammen mit meinem Bruder, der in den Armen meiner Mutter lag. Als ich ihn sah, so klein und fett, bemerkte ich, dass er gar nichts machen konnte. Wenn er wenigstens sprechen könnte, wäre es für mich besser gewesen, weil es so keinen Sinn hatte, zu versuchen, mit diesem völlig talentfreien Baby zu spielen.

„Mama, kannst du ihn zurückschicken?" Das war alles, was ich sagen konnte, als ich zum ersten Mal über meinen Bruder redete.

Vier Jahre später war er immer noch ein fettes Kind, obwohl er schließlich mehr tun konnte, als nur weinen und seine Finger bewegen. Doch konnten wir zusammen verrückte Spiele spielen, mit denen alle Kinder damals gerne Zeit verbrachten, und am Ende wurde ich irgendwie verletzt. Für meine Eltern war das ganz normal, jedes Kind sollte nämlich bei diesen Spielen irgendwelche Schwierigkeiten haben und daraus eine Lehre ziehen. Danach fiel es mir ein, dass diese Verletzungen nicht nur Schwierigkeiten waren, sondern von meinem Bruder absichtlich gemacht wurden. Oft versuchte er mich in den Arm, in den Bauch oder ins Gesicht zu schlagen, und ich hatte noch keine Idee, ob er das absichtlich tat. Meine Eltern meinten, dass es so eine Art sei, um mir seine Liebe zu zeigen, und sie sprachen mit mir ab und zu darüber, damit ich meine Meinungen dazu verändern konnte. Zuerst war ich davon überzeugt, dass er sich so verhielt, weil er noch klein war. Ich als seine große Schwester sollte ihn betreuen und mir nichts daraus machen, obwohl ich von ihm langsam genervt war.

Je älter wir wurden, desto langweiliger waren unsere Spiele. Wir konnten nicht mal ein Spiel beenden, ohne uns einander zum Weinen zu bringen, und so entstand das größte Problem. Ich musste die Verantwortung übernehmen, wann immer etwas Schlimmes passierte und wann immer wir uns verletzten. Mit mir wurde mehr geschimpft als mit meinem Bruder, auch wenn er daran schuld war.

Die ganze Situation, die ich nicht nachvollziehen konnte, war total unfair und sowohl nach unseren Verwandten als auch nach meinen Eltern war mein kleiner Bruder ein sehr süßes und harmloses Kind. Die Gäste, die wir oftmals in unserem kleinen Haus bewirteten, liebten ihn und er brachte sie zum Lachen, wenn er das Wohnzimmer betrat. Ich hingegen musste mich die ganze Zeit wie die sehr verantwortliche Schwester, deren Herz mit unendlicher Liebe zu ihrem Bruder gefüllt wurde, benehmen.

Nach meinem elften Lebensjahr hatte ich keine Kraft mehr, weder diese schwere Last auf meinen Schultern noch meinen kleinen Bruder zu ertragen. Es kümmerte mich nicht mehr, wenn meine Eltern mit ihm schimpften. Die Geschwisterbeziehung zwischen uns hatte sich jedes Jahr Schritt für Schritt verschlechtert und in meinen Gedanken verursachte er nur Chaos, obwohl alle anderen das komplette Gegenteil dachten. Jetzt? Ich kann sagen, da wir beide schon erwachsen sind, dass wir uns jetzt besser verstehen. Damals habe ich gedacht, dass meine Eltern, deren einziger Zweck das Wohlbefinden meines Bruders war, mich für ihn verantwortlich hielten, weil ich älter war als er. Doch wenn ich heute zurückdenke, merke ich, dass ich selbst noch klein war. Unser gemütliches Häuschen ist jetzt ein größeres und schöneres Haus, in dem wir als Bruder und Schwester überraschenderweise viel Spaß haben und uns gemeinsam zu Hause fühlen.

Gökce Naz, aus Büyükcekmece, Türkei.

Bengel oder Engel

Die Mascara krümelt und bildet Klümpchen. Mist. Ich fahre mit einem Wattepad über meine Wangen. Dann wurschtele ich mit dem Wimperbürstchen so lange an meinen Augen herum, bis das Grün meiner Iris im Kontrast strahlt. Nun die Nase abpudern – fertig! Zufrieden betrachte ich mein Make-up im Spiegel und gehe in die Küche. Meine Mutter räumt gerade die Spülmaschine aus. Als sie mich sieht, erstarrt sie. „Maxi! Was ... was soll das denn?", stammelt sie. „Geh ins Bad und wisch dir auf der Stelle das Zeug aus dem Gesicht".

„Aber Luise darf auch ...", setze ich an, doch Mama unterbricht mich sofort: „Deine große Schwester ist nun wirklich kein Vergleich", keift sie. Sie fügt noch etwas hinzu, aber es geht im Knallen meiner Zimmertür unter. Gefrustet werfe ich mich aufs Bett und starre an die Decke. Gefühlte Stunden später wische ich mir mit den Handrücken die verschmierte Mascara von den Wangen, greife nach Tagebuch und Stift und beginne zu schreiben:

Liebes Tagebuch,
ich verstehe nicht, was Mama für ein Problem hat ... als ob ich es mit dieser doofen Pubertät nicht schon schwer genug hätte, zickt sie schon beim kleinsten bisschen Make-up voll rum. Zu allem Überfluss haben Jenny und Liz heute in der Schule hinter meinem Rücken über mich getratscht. Ich habe es zufällig in der Pause mitbekommen. Generell habe ich im Moment das Gefühl, dass alles in sich zusammenfällt, dass dieses „harmonische" Leben, das ich einmal hatte, in eine tiefe Leere rutscht und dort an der Realität zerschellt. Unzählige Scherben, die das wenige Licht des Glücks der anderen reflektieren. Und dann ist da noch Ben ... der mich nie beachtet ... natürlich nicht, wie könnte er auch?

Später beim Abendbrot scheinen meine Eltern noch immer sauer. Aus dem Wohnzimmer hört man den Fernseher. Nachrichten.

„Luise?" Meine Mutter lächelt meine Schwester an. „Gleich kommt ein schöner Krimi."

Ich mag keine Krimis. Viel lieber gucke ich diese romantischen Liebesfilme, über die Papa immer so lästert. Als meine Eltern einmal nicht da waren, haben Luise und ich *Titanic* geguckt. Währenddessen haben wir heulend und kichernd zugleich versucht, uns die Fingernägel zu lackieren.

„Hallo!? Luise?", fragt Mama erneut.

„Mhm?" Meine Schwester sieht von einer Zeitschrift auf, die neben ihrem Teller liegt.

„Leg das bitte weg, du kannst nach dem Essen lesen!"

Luise schiebt das Heftchen ungefähr zwei Zentimeter von ihrem Teller fort und widmet sich ihrem Käsebrot. Papa starrt mich nachdenklich an. Mama tut, als bemerke sie mich nicht. Vermutlich hat sie gepetzt und beide haben sich in die Make-up Sache reingesteigert.

„Wie in der Schule", denke ich. Da reden auch alle so über mich, als würde ich nichts merken, gar nicht anwesend sein.

Luise und ich sitzen vor dem Fernseher und gucken den doofen Krimi.

„Schatz?", ruft mein Vater die Treppe hinunter. „Haben wir das Geschenk für Wittichs eingepackt?"

„Ja, haben wir!", antwortet meine Mutter. Dann wendet sie sich an uns: „Okay! Vor Mitternacht sind wir längst wieder da, so lange werden wir es auf der Feier sowieso nicht aushalten. Tschüss!"

Wenig später sind Luise und ich allein im Haus. Meine „große, vernünftige Schwester", wie Papa immer sagt, schiebt sofort einen fiesen Thriller in den DVD-Player. Währenddessen renne ich hoch in ihr Zimmer und öffne den Kleiderschrank. Ich meine, wenn meine Eltern nicht da sind, wäre das ja die ideale Gelegenheit um ... ich suche mir einen süßen Rock und ein pinkfarbenes Top raus und ziehe mich um. Den BH fülle ich mit Socken. Leider sind meine Haare zu kurz für eine richtige Hochsteckfrisur, aber zwei kleine Rattenschwanzzöpfchen links und rechts über den Ohren kriege ich gut hin. Noch ein bisschen Schminke, dann betrachte ich mich in Luises großem Wandspiegel. Perfekt.

Im Flur rufe ich meiner Schwester zu, dass ich noch einmal raus gehe, dann ziehe ich die Haustür hinter mir zu und stehe endlich auf der Straße. Es dämmert bereits. Im Schein der Straßenlaternen laufe ich durch den milden Sommerabend. Als ich an einem parkenden Auto vorbeikomme und mein Gesicht sich in der dunklen Fensterscheibe spiegelt, denke ich, dass ich im Dämmerlicht wirklich wie eine junge Frau aussehe. Was so ein bisschen Make-up und andere Klamotten doch ausmachen! Ich laufe noch ein paar Meter, biege um eine Kurve und fühle mich frei.

Ein Auto hält.
Ein roter Kombi.
Das Auto meiner Eltern.
Sie steigen aus.
Wortlos.
Mama schiebt mich auf die Rückbank.
Wir fahren nach Hause.
Dann gehen wir hinein.
Im Wohnzimmer setzen wir uns hin. Langsam finden wir alle unsere Sprache wieder.

Papa als Erster. „Maximilian!", zischt er, wobei er jede einzelne Silbe in die Länge zieht. „Ein Bengel wie du … du blamierst uns! Das ist einfach peinlich, ist dir das klar?"

Scheiße. Ich *bin* ein Mädchen. Das weiß ich.

Meine Schwester steht auf. „Komm, Engelchen, er hat recht!", sie lächelt. „Das sieht schrecklich aus mit dem Make-up! Ich zeige dir oben mal, wie man Augen richtig schminkt." Sie zieht mich mit sich.

Helena, 13 Jahre, aus Göttingen, Deutschland.

Die Abenteuer von Max, dem Engel

Es war einmal ein Engel, den alle Max nannten. Eigentlich hieß er richtig Maximilian, aber Max passte eindeutig besser zu ihm. Max war nämlich meist sehr frech und manchmal sogar gemein. Er machte praktisch jeden Tag Unfug und ärgerte seine Lehrer der schwebenden Engelgrundschule in Himmelstadt. Deshalb hatte er auch kaum Freunde, denn Engel waren ja in der Regel lieb, nett und hilfsbereit. Max jedoch hatte einen riesengroßen Spaß daran Quatsch zu machen und anderen Streiche zu spielen. Seine Eltern, Henriette und Isidor, schimpften ihn zwar jeden Tag, doch das ignorierte Max einfach.

Nach langem Überlegen beschlossen Henriette und Isidor schließlich, dass sie ihn ins Internat *Eins, zwei, drei – wir bringen dir Benehmen bei*, geben. Als Max' Eltern ihn von ihrem Entschluss berichteten, war er alles andere als begeistert.

Er sprach den ganzen Abend lang kein Wort mehr mit seinen Eltern. Maxi schmiedete am selben Abend noch einen Plan, sodass er nicht ins *Eins, zwei, drei – wir bringen dir Benehmen bei*-Internat musste. Schließlich kam der Engel zu dem Entschluss, abzuhauen.

Drei Tage später an einem Nachmittag, als seine Eltern mal wieder beim Einkaufen waren, packte Mäxchen alle nötigen Sachen ein. Ein aufklappbares Wolkenzelt, eine Wolldecke, ein Engelskleidchen, eine Taschenlampe und ein Butterbrot. Das Butterbrot, das Engelskleidchen und seine Wolldecke schmiss Maxi in einen Rucksack, quetschte sein Wolkenzelt unter den Arm und nahm die Taschenlampe in die Hand.

Plötzlich blinkte das Telefon in der Küche. Max legte die Taschenlampe auf die Kommode und flog in die Küche. Seine Oma war am anderen Ende. Als das Telefonat mit seiner Oma beendet war, die lediglich wissen wollte, ob seine Eltern zu Hause waren, holte Mäxlein seinen Rucksack und das Zelt. Endlich konnte es losgehen.

Verhängnisvolles Vergessen

Max machte sich auf den Weg. Nach einer halben Stunde kam er an einen Fluss und machte Rast. Er packte die Sachen aus dem Rucksack und da fiel ihm auf, dass er die Taschenlampe zuhause hat liegen lassen. Plötzlich erschrak er und zuckte zusammen, denn hinter seinem Rücken huschte ein kleiner Teufel vorbei. Max duckte sich weg. Da stürzte sich der Teufel auf das Gepäck des jungen Engels und flog mit den Utensilien einfach weg.

Ein paar Sekunden später richtete sich Mäxlein wieder auf. Nun hatte er nichts mehr. Der Teufel hatte ihm seine ganzen Siebensachen geklaut. Max war am Boden zerstört und traurig. Und langsam breitete sich eine Müdigkeit über ihm aus und er legte sich einfach hin.

Es wurde langsam dunkel. Nicht weit entfernt entdeckte er eine große alte Eiche. Er schlich sich auf allen vieren hinüber zu dem Baum. Allerdings mochte er sich nicht einfach so unter den Baum legen, das war ihm nach der Begegnung mit dem Teufel zu gefährlich. Deshalb flog Max mit allerletzten Engelskräften auf einen dicken Ast der Eiche und legte sich dort zum Schlafen. Es wurde dunkel.

Plötzlich erinnerte er sich an die Worte seiner Lehrerin der Engelsschule. Sie hatte den Schülern einmal erklärt, dass ein Engel kein künstliches Licht benötigt. Ein Engel müsse nur die Hand heben und dreimal „Licht" sagen. Genau das tat Max dann auch ... und siehe da, es wurde Licht. Ein weißes weiches Licht erstrahlte aus des Engels Hand. Max betrachtete die Umgebung im Schein des Lichts. Er wollte eigentlich noch einen Schluck Wasser aus dem Fluss trinken, war aber so müde, dass er einfach einschlief.

Ein großes Problem

Am nächsten Morgen wollte Mäxchen zurück nach Hause, denn er bekam auf einmal so schreckliches Heimweh. Doch es gab ein großes Problem. Mäxchen fand den Weg, den er gekommen war, nicht mehr zurück. Hilflos saß der Engel auf dem weichen Gras vor der Eiche. Er sah traurig aus und war den Tränen nahe. Plötzlich sah er etwas schwarz-rotes durch einen Busch schimmern. Es war ein Bengel. Dieser flog auf ihn zu. Mäxlein wollte schon losschreien, doch da sagte der Bengel: „Kannst du mir helfen? Ich will zum Fluss!"

„Wer bist du?", fragte Max.

„Ich bin Lenny, der Bengel", antwortete der Fremde.

„Du musst nur über die kleine Anhöhe fliegen, dann siehst du den Fluss schon", antwortete Max. Der Bengel bedankte sich freundlich und wollte schon losfliegen, als Max ihm hinterherrief: „Ach übrigens, weißt du, wie ich zur großen schwebenden Engelswolke gelangen kann?"

„Tut mir leid!", rief Lenny im Fliegen. „Das weiß ich leider nicht!"

Mäxchen war also wieder ganz auf sich alleine gestellt. Traurig setzte er sich ins Gras. Auf einmal verdunkelte sich der Himmel und dunkle Wolken zogen auf. Dazwischen lugten leuchtend rote Gestalten hervor. Die unheimlichen Gesellen flogen auf Max zu und kamen immer näher. Max zitterte, er hatte Angst. Die unheimlichen Gestalten waren blitzschnell auf ihn zugeflogen und packten ihn an den Armen. Max verlor das Bewusstsein. Dann steckten ihn die Gestalten in einen braunen Sack und flogen mit ihm einfach davon.

Nach einer Weile kamen sie in einer kalten und nassen Höhle an. Die Gestalten ließen den immer noch ohnmächtigen Max aus dem Sack. Als Max nach ein paar Minuten wieder zu sich kam, sah er drei fliegende Teufel. Gefährlich sahen sie aus: Der erste hatte ein rotes Gesicht mit schwarzen Hörnern auf dem Kopf und einem schwarzen Mantel. In der Hand trug er einen Stab, der golden leuchtete. Die anderen beiden Teufel sahen ähnlich aus, allerdings hatten beide keinen Goldstab. Vermutlich war der mit dem goldenen Stab der Anführer der drei.

Ängstlich fragte Max: „Was wollt ihr denn von mir?"

„Erkennst du uns etwa nicht wieder?", fragte der Teufel mit dem goldenen Stab. „Wir sind deine alten Klassenkameraden."

Max staunte und begriff nun gar nichts mehr. „Wie habt ihr mich gefunden und was wollt ihr von mir?", fragte Max kauernd.

„Dich bestrafen!", sagt der andere Teufel.

„Wofür denn, ich habe euch doch nichts getan!", schrie der Engel nervös.

„Nichts getan?", erwiderten die Teufel empört. „Du hast uns in der Schule immer Streiche gespielt. Wir drei waren immer die Doofen!"

Ein anderer Teufel schrie: „Zwei Jahre mussten wir deine blöden Streiche und Sprüche aushalten! Wegen dir wurden wir für ein Jahr an die Teufelsschule versetzt. Jetzt wirst du bestraft! Ach übrigens, wie war die Nacht ohne dein ganzes Gepäck, das wir dir gestohlen haben?", fragte der dritte Teufel lachend.

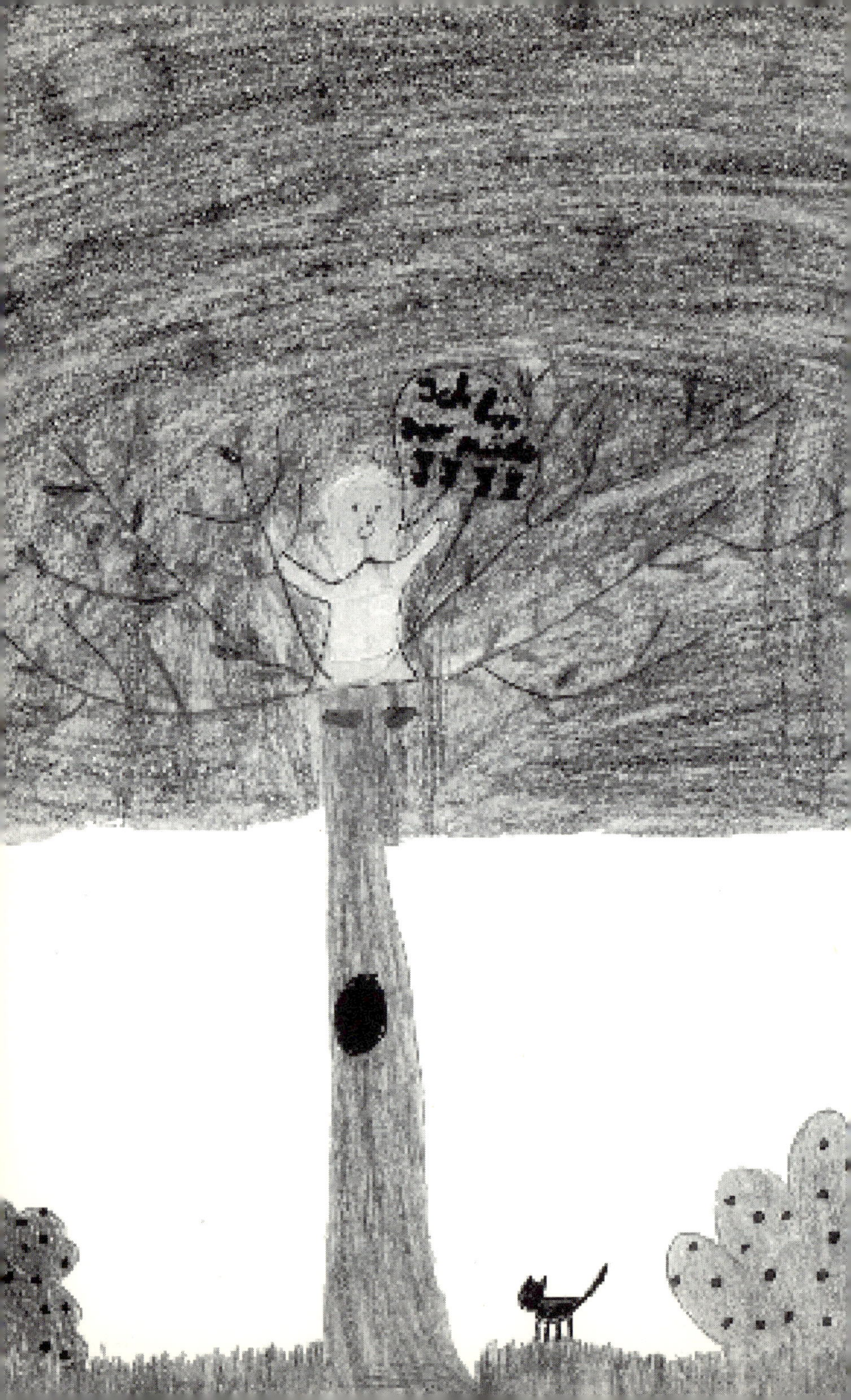

„Ihr wart das!", erboste sich Max.

„Ja, aber jetzt wirst du bestraft", sagte der Anführer. Er nahm eine Eisenstange und wollte sie Max über den Kopf schlagen.

Plötzlich ergriff jemand die Stange und haute sie dem Anführer und seinen Teufelsfreunden über den Kopf. Der Unbekannte befreite Max und fesselte danach die Teufel. Dann flog er mit Max im Schlepptau nach draußen. Als sie die Höhle verlassen hatten und ans Tageslicht kamen, sah Max, wer ihn gerettet hatte. Es war Lenny, der Bengel.

„Wie hast du mich denn nur gefunden?", fragte Max.

„Ich habe gehört, wie du geschrien hast, und bin euch dann gefolgt", erzählte Lenny.

Erschöpft von diesem Abenteuer wollten Max und Lenny nur noch nach Hause. Lenny war auf einmal der Weg zur schwebenden Engelswolke wieder eingefallen. Als sie bei Max zu Hause waren, erzählten sie Max' Eltern ihre Geschichte. Diese beschlossen daraufhin, dass Maxi nicht ins Internat *Eins, zwei, drei – wir bringen dir Benehmen bei* musste, sondern an eine ganz gewöhnliche Schule durfte. Und das Beste daran war, dass Lenny auch auf diese Schule ging. Außerdem lernte Max schließlich doch noch, sich zu benehmen. Lenny und Max wurden beste Freunde. Sie lebten glücklich bis an ihr Ende. Und wenn sie nicht gestorben sind, dann leben sie noch heute.

Ninivee, 10 Jahre, Hans-Schäufelin-Grundschule, aus Nördlingen, Deutschland.

Ein Bengel wird zum Engel

Es war einmal eine Engelsschule. Sie hatten einen neuen Schüler, er hieß Max. Die Lehrerin sagte zu ihm: „Tja Max, dein Name sagt schon alles über dich."

„Ok!", meinte er, aber das war ihm eh egal. Die Lehrerin ging noch schnell auf die Toilette. Max wunderte sich, warum alle immer so still waren, wenn die Lehrerin kurz weg war. Denn die Kinder aus seiner alten Schule waren immer laut.

Plötzlich kam jemand mit einem Zauberhut rein. „Hallo Kinder, heute werden wir zaubern! Pasabius patronus!" Die Kinder lachten.

Plötzlich hörten sie ihre Lehrerin. „Kinder, ich bin ja schon daaa!"

Der Zauberer versteckte sich unter dem Pult. Die Kinder riefen alle ganz laut: „Da ist ein Zauberer unter ihrem Pult!"

Die Lehrerin antwortete: „Nein, so ein Spaß. Wir fangen lieber mit dem Unterricht an, bevor wir keine Zeit mehr dafür haben ... So, wer kann mir sagen, was 56 - 55 ist?"

Niemand meldete sich außer Max. „Ja, Max, ich höre!"

„Gucken Sie mal unter ihren Tisch, Frau Schmidt."

Frau Schmidt guckte. „Hä! Da ist nix?" Sie schimpfte: „Das kann doch nicht wahr sein, Max, du DICKSCHÄDEL! Du schreibst eine Seite ab und das gilt nicht nur für dich, sondern auch für Tom, Maia, Kristiana, Samuel, Daniel und Annika!"

Max brummte: „Na ja, zumindest nicht zwei oder drei Seiten."

Sie fingen mit dem Unterricht an. Zuerst lernten sie, wie sie Kinder beschützen. „Ich brauche kurz den Botendienst", rief Frau Schmidt.

Max und Elias waren Botendienst, deshalb flogen sie schon los. Max bekam den Zettel. Darauf stand:

Sehr geehrte Frau Meier! Wir wollen für das neue Jahr 2018 unsere Schule verzieren, deshalb wird zwei Wochen lang die Schule ausfallen.

Max und Elias schrien ganz laut: „FREIHEIT!"

„Freut euch nicht zu früh!", drohte Frau Schmidt.

Nach ein paar langweiligen Stunden war Max bald zu Hause. Er sagte zu sich: „Mir ist so langweilig, was könnte ich denn machen?" Auf einmal kam eine Katze. Sie lief mitten auf der Straße. Max meinte: „Das ist meine Chance!" Er rannte und nahm sie. Vor ihm war eine alte Frau. „Das ist meine Katze und sie war nicht in Gefahr." Max entschuldigte sich und ging wieder rein.

Nach den zwei Wochen kam ein neuer Schüler in die Schule, er hieß Michel. Die Lehrerin sagte: „Michel, das ist ja ein schöner Name." Alle fanden den Namen toll, außer Max. Sie gingen in den Sitzkreis. Die Lehrerin erklärte: „Heute lernen wir fliegen."

Alle freuten sich: „Das ist ja toll!" Weil es eine Engelsschule war, waren natürlich ganz viele Kerzen auf dem runden Tisch.

Michel schmiss die Kerzen auf den Boden und deshalb ging der Feueralarm los: *ninonino*. Alle Kinder waren böse auf Michel, weil sie unbedingt fliegen lernen wollten. Nach einer Viertelstunde gingen sie wieder ins Klassenzimmer und alle waren zufrieden.

Nach der Schule wollten Elias und Max etwas ausmachen, und weil Michel alleine war, dachten sich die beiden, dass Michel vielleicht auch mitmachen könnte.

Sie gingen zusammen spazieren und freuten sich. Weil es langsam dunkel wurde, wollten sie nach Hause gehen und auf einmal hörten sie ein lautes Miauen: „Miau miau miau."

„Das war eine Katze", dachte Max. „Das ist meine Chance!" Er rannte zu einem Baum und holte die Katze herunter. Max hatte vor einigen Tagen seine Katze verloren und sie war es. „BELLA!" Er freute sich so sehr.

Als er zu Hause ankam, freuten sich auch seine Eltern.

Am nächsten Tag schrieben die Engelsschüler in der Schule eine Probe. Aber Michel war nicht bereit, denn er war nicht mal ein Engel. Er war ein ganz normaler Junge. In der Probe kamen solche Aufgaben vor: *Wer hat eigentlich Gott geboren? Wie hat uns Gott gemacht? Wie heißt Jesus eigentlich mit Nachnamen? Und so weiter ...* Aber er hatte nur unlogische Antworten gefunden.

Nach der Probe hatten sie Pause.

Alle Kinder freuten sich: „YAY!"

In der Pause spielten die Kinder mit den Wolken Fußball, also Michel, Max, Elias, Samuel, Daniel und Kristiana. Auch wenn Michel immer Quatsch machte, wollte er ein Engel werden und schon am nächsten Tag den ENGELTEST bestehen, deshalb wollte er alles dafür tun und zeigen, wie viel Mut er hatte.

„Oh oh der Ball ist weg", sagte Daniel.

Aber auf einmal fiel Michel um, er war nämlich auf den Ball gerutscht. „Er hat ihn gefunden!"

Am nächsten Tag testeten die Lehrer, ob die Kinder richtige Engel waren. Michel wollte nicht, dass alle wissen, dass er eigentlich nur ein normales Kind war. Alle konnten aus seiner Klasse fliegen, außer ihm. Und alle konnten verschiedene Sachen wieder gut machen, aber er konnte es nicht. Oh nein, er war dran.

Die Lehrerin sagte: „Ok, ich scheine so weit alle zu haben. Michel, wie sieht's mit dir aus?"

Michel antwortete: „Emm ich .... em ... ich ... ich ... ich ... em ..."

„Komm einfach vor", sagte Frau Schmidt. Michel stellte sich vor die Klasse und alle meinten: „Jetzt flieg doch oder zeig, wie du anderen Kinder Mut geben kannst oder so!"

Alle fragen sich jetzt bestimmt, was mit dem Zauberer davor los war. Das war kein Zauberer, sondern ein Engel, und der war der einzige, der wusste, dass ich kein Engel war, sondern ein ganz normales Kind. Er ist dann in das Klassenzimmer gekommen und hat ganz laut gesagt: „Er ist ein normales Kind!"

Alle sahen mich komisch an und auf einmal war es ganz leise. Ich hatte Angst. Ich dachte mir, dass ich jetzt von den anderen Kindern nicht mehr gemocht würde.

„Ist doch kein Problem, du bist trotzdem herzlich willkommen in unserer Schule", sagten sie. Und jetzt musste ich mein Geheimnis nicht mehr verstecken, außerdem wusste der Engel, was er machte. Und jetzt wissen alle, dass ich auch ein Engel geworden bin. Und wenn wir nicht gestorben sind, dann ... ehm ... gibt es heute noch Bengel.

Crina, 9 Jahre, Hans-Schäufelin-Grundschule, aus Nördlingen, Deutschland.

Der Engel-Bengel und der Krieg gegen die Teufel

Es war einmal ein Engel. Er machte so viele Quatsch, dass alle ihn nur den *Engel-Bengel* nannten. Einmal stutzte er der Engel-Lehrerin und den Klassenkameraden die Flügel. Ein anderes Mal stahl er der Lehrerin den Heiligenschein und legte ihn in die Schublade mit den Luft-Ordnern des Tagesablaufes.

Eines Morgens überlegte sich der Engel-Bengel neue Streiche und tippte sie in sein Holo-Smartphone, das er immer verbotenerweise dabei hatte. Und als die Schule anfing, legte er eine Puppe auf den Sitz der Lehrerin, die genau so aussah, wie die Lehrerin selbst. Die ganze Klasse musste lachen. Als sie die Puppe sah, gab sie dem Engel-Bengel so viele Luft-Arbeiten, dass er aufhörte, Späße mit der Lehrerin zu machen.

Dann war Mathe an der Reihe. Sie schrieben eine Probe mit sieben Seiten. Der Bengel-Engel hatte Plus und Minus anstatt Multiplizieren und Dividieren geübt. Natürlich fiel er durch. Das kümmerte ihn aber nicht. Danach kam Teufelskunde. Da lernten sie etwas über Teufel und wie man eine Maschine baut, die sie besiegte und in unzerstörbaren Seifenblasengittern einfing.

Während die Lehrerin die Teile für die Maschine aufzählte, tippte der Engel-Bengel die Teile für die Maschine in sein Holo-Smartphone. Daran musste man nur einen Knopf drücken, schon kam ein blauer Strahl heraus und man sah ein großes 3D-Handy – nur zweimal so groß wie ein normales Smartphone.

Nach der Schule flog der Engel-Bengel mit einem doppelten Looping aus der schwebenden Schule. Sofort flog er in einen Wald, um Teile für diese Maschinen zu suchen. Er sammelte Stöcke und Steine. Danach flog er zum Schrottplatz und sammelte Blechteile und ein leeres Fass. Zu Hause auf seiner Wolke begann er sofort zu basteln. Nach zwei Wochen Arbeit war er fertig. Jetzt fehlte ihm nur noch der Seifenschaum. Woher sollte er den nur herbekommen? Da fiel ihm sein Smartphone ein. Er machte es an und gab auf Engel-Tube ein:

Seifenblasenschaum. Es dauerte nur fünf Sekunden, da entdeckte er ein Engel-Video, das von coolen Engeln stammte: Man musste nur stilles Wasser in einen Becher geben und mit Engel-Energie aus den Händen für zehn Sekunden berühren, dann war es Seifenblasenwasser.

Der Engel-Bengel machte es, nur dass er das Wasser viel länger berührte. Danach schüttete er es in die Maschine. Es war eine Turbo-Seifenblasenmaschine. Vorne war so etwas wie ein Trichter und der Rest war aus Steinen, Ästen, Laub, Erde, Metall und Glas, das er mit seiner Engel-Energie zusammengeschweißt hatte.

Da fiel ihm ein, dass er alleine zu schwach war, um die Maschine zum Rand der Wolke zu tragen. Darum bat er seinen Sitznachbarn Engel-Murks um Hilfe. Er fragte Murks nach der Schule: „Murks, ich brauche deine Hilfe. Ich habe diese Maschine gebaut, die die Teufel in Seifenblasengittergefängnissen einschließt. Alleine bin ich aber zu schwach, um diese Maschine zu tragen. Da bist du mir eingefallen. Murks, bitte hilf mir."

Da sagte Murks: „Klar helfe ich dir, aber dafür musst du mir versprechen, dass du nie wieder Quatsch machst und endlich vernünftig wirst."

Plötzlich wurde der Himmel blutrot und überall waren rote Tornados und Hurrikans. Alle Engel wussten, was das war. Die Teufel griffen das Reich der Engel an, um den Engel-Präsidenten Obama aus dem Amt zu hauen. Der Teufel-Präsi Trump wollte immer mehr Reich und Recht haben – er war auch schon der Herrscher der Irr-Geisterwelt. Nun war das Engelreich dran. Es wurden immer mehr Tornados und die rasten direkt auf das gelbe Haus zu, wo Engel Obama gerade eine Rede hielt. Die Wachen rund um das gelbe Haus bemerkten sofort, wie die Teufel-Soldaten mit Spring-Zeit-Explosions-Bällen, Dauerschussgewehren auf Teufelbisons angeritten kamen. Sofort gaben sie Bescheid und forderten alle Engel, Maschinen, Flugzeuge und Waffen an, um die Angreifer zurückzuschlagen.

Als Murks und Engel-Bengel davon hörten, wussten sie, dass sie mit der Fangmaschine mithelfen konnten. Zusammen schoben sie die Maschine zum Rand der Wolke, wo der Engel-Bengel lebte. Zuerst warfen sie einen Stock hoch und zielten auf ihn. Tatsächlich, er blieb in einem Seifenblasengitter eingeschlossen. Sie freuten sich. Natürlich testeten sie auch, ob das Gitter tatsächlich unzerstörbar war. Nicht einmal das spitzeste Luft-Messer konnte es zerstören. Das war perfekt. Sofort zielten sie auf das Loch, aus dem die Teufelskrieger kamen. Zum Glück trafen sie und das Loch verstopfte und die anderen Teufel konnten nicht mehr nachrücken. Dann war der Anführer dran. Natürlich trafen sie ihn auch und er war in einem schallsicheren Seifenblasengitter eingeschlossen.

Da kam endlich der Nachschub an. Er bestand aus Engeln-Soldaten mit Gewehren aus Luft, die Lähmungsstrahlen schossen. Da war der Kampf eröffnet. Der Engel-Bengel und Engel Murks waren eifrig mit ihrer Maschine mit dabei. Sie kämpften und kämpften. Schließlich schlugen sie die Teufel in die Flucht. Aber das Loch war ja noch verstopft. Also halfen die Engel-Soldaten das Loch freizulegen. Dabei hielten die übrigen Teufel-Soldaten Abstand zu den Engel-Soldaten. Als das Loch wieder frei war, schlüpften die Teufel schnell in das Loch und verschwanden sofort.

Am Abend feierten alle Engel ein riesiges Fest zu Ehren der Soldaten, Murks' und des Engel-Bengels. Als der Engel-Präsident Obama sie sah, kam er schnurstracks auf sie zu und gab ihnen sehr erfreut die Hand und sagte: „Ihr seid doch Engel Murks und Engel-Bengel, oder? Vielen Dank für die Hilfe von euch. Ohne euch hätten wie es nicht geschafft den Teufel-Präsi Trump zurückzuschlagen. Nochmals vielen Dank an euch zwei."

Engel-Murks war richtig stolz auf sich und auf den Engel-Bengel.

Am Morgen in der Schule passierte etwas sehr Komisches. Als der Engel-Bengel in die Schule kam, nannten ihn alle den Engel-Helfer. Ab diesen Tag war er der Engel-Helfer. Immer, wenn etwas war, half er.

Nick, 10 Jahre, Hans-Schäufelin-Grundschule, aus Nördlingen, Deutschland.

Freundschaft für immer

Es war einmal ein Engelchen, das sich immer mit dem Bengelchen traf. Leider war es verboten, dass sich Engelchen und Bengelchen trafen. Deshalb taten sie es immer heimlich nach der Schule.
Eines Tages fragte Engelchens Mutter: „Wo warst du so lange?"
Engelchen fing an zu stottern: „Ich ... Ich ... Ich war bei äh in, in der Schule, der Lehrer hat überzogen."
Engelchens Mutter wurde wütend: „Das kann der Lehrer doch nicht machen! Du bist ja fast verhungert!"
„Nein, nein!", antwortete Engelchen.

Zur selben Zeit kam Bengelchen nach Hause. Das Gespräch zwischen Bengelchen und seiner Mutter war genau dasselbe. Beide Mütter wollten den Lehrer anrufen und ihm gehörig die Meinung sagen. Doch die Kinder konnten sie gerade noch einmal abhalten.

Als sie sich am nächsten Tag wieder trafen, erzählten sie sich, was ihre Eltern für einen Stress gemacht hatten. Ab jetzt achteten beide genau auf die Zeit. So ging es sehr lange, immer hatten sie Angst, erwischt zu werden.

Engelchen kam eines Tages von der fliegenden Schule nach Hause, sehr gut, ihre Mutter war im Stau stecken geblieben. Heute war nämlich Schüleraustausch. Manche Teufel kamen in den Himmel und manche Engel in die Hölle. An diesem Tag war immer viel Verkehr, da die Teufel hier erst mit dem Himmelsbus ankommen mussten und gleich danach die Himmelsstadt erkunden.

Das war die perfekte Gelegenheit, denn Engelchen und Bengelchen wollten abhauen. Erst dachten sie, sie könnten in die Schule gehen und sich dort verstecken. Dann konnten sie Musik hören, Schutzengel werden, Streiche spielen, Plätzchen backen und all die anderen Fächer pauken. Doch da konnten sie auch nicht zusammen sein. Deshalb wollten sie auf die Erde. Dafür mussten aber Engelchens Flügel verschwinden.

Engelchen fiel ein, dass jeder Engel in seinem Leben einen Wunsch beim Weihnachtsmann frei hat. So flog sie zu ihm. „Weihnachtsmann, mein Wunsch ist es, keine Flügel mehr zu haben."
Da antwortete er: „Wenn du das wirklich willst, soll es so sein." Und im selben Moment waren ihre Flügel in Luft aufgelöst.
Nun lief Engelchen zu Bengelchen. Sie wollten mit dem Wolkenaufzug auf die Erde fahren. Bengelchen packte seine Siebensachen. Schnell liefen sie bei Engelchen vorbei und holten ihre Sachen. Zwei Sekunden später waren sie am Aufzug, stiegen ein und fuhren davon.
Kurze Zeit später waren sie auf der Erde. Doch sie hatten nur Engel- und Bengeltaler dabei. Mit denen konnte man nicht bezahlen. Sie gingen zu einer Bank. Doch dort waren keine Wolkenautomaten, sondern irgendwelche Kästen. Gespannt gingen sie auf den Geldautomaten zu. Engelchen tippte irgendetwas ein – und kaum zu glauben, es kam Geld. Sie kauften sich damit eine Wohnung, Kleidung und Essen. Doch was sie nicht konnten, war die Schrift und die Mathematik. Im Himmel schrieb man anders – und rechnen musste man nicht.

Viele Jahre später bekamen Engelchen und Bengelchen ein Kind. Das Kind ging zur normalen Schule und die Eltern arbeiteten. Doch in ihrer alten Heimat (dem Himmel) ging es nicht so geordnet zu, seitdem Engelchen und Bengelchen verschwunden waren.

Das ganze Volk suchte seit Jahren nach den beiden. Die einen hier, die anderen dort, und das an jedem Ort. Eines Tages fiel der Mutter ein, dass der Weihnachtsmann jedem Engel einen Wunsch erfüllte. Sie wollte sofort los, doch da alle nach den beiden suchten, war es mal wieder ein totales Verkehrschaos. Es brauchte zwei Engeltage, das waren im echten Leben circa zwei Stunden. Endlich, sie war bei dem Weihnachtsmann. „Lieber Weihnachtsmann, meine Tochter ist verschwunden, kannst du mir nicht sagen, wo sie ist?"

Leider hatten sie und der Weihnachtsmann nicht so gute Erfahrungen miteinander, denn in ihrer Jugend war sie immer etwas frech gewesen. Sie spielte immer Streiche, legte Parfümkissen auf seinen Stuhl, streute ihn mit Sternenstaub ein und noch viele andere Dinge. „Bitte, ich entschuldige mich für alles, aber sag mir bitte, wo meine Tochter ist!", rief sie.

Da antwortete der Weihnachtsmann mit tiefer Stimme: „Da will ich noch einmal Erbarmen mit dir haben und sage dir, dass Engelchen und Bengelchen auf die Erde geflogen sind, da sie sich hier nie treffen durften."

„Das ist ja schrecklich!", erwiderte die Mutter und fing an zu weinen.

Schon hob der Weihnachtsmann eine Kristallkugel nach oben. „Hier ist deine Tochter. Ich habe eine Idee, wie du sie wiedersehen könntest", tuschelte der Mann.

Kurze Zeit darauf schilderte er der Engelfrau den Plan. Der Plan war perfekt. Sofort rief sie alle Engel und Bengel zusammen. Als den anderen der Plan auch gefiel, setzten sie ihn in die Tat um. Sie legten gleich los. Die Engel und Bengel wurden vom Weihnachtsmann in Menschen verwandelt, so gingen sie auf die Erde. Sie suchten Engelchen und Bengelchen auf der ganzen Welt. In Japan, in den USA, in Afrika und zu guter Letzt in Deutschland. Dort fanden sie die beiden. Genauer gesagt in Berlin.

Nachdem sie sich eine halbe Stunde unterhalten hatten, erklärten Engelchen und Bengelchen die Regeln auf der Erde. Alle guckten ganz verdutzt. Aber gleich danach quasselten sie schon wieder. „Ich bin so glücklich!", rief der eine.

„Schön, dass wir euch gefunden haben!", kreischte die andere.

So ging das einen ganzen Tag lang (und zwar einen echten und keinen Engeltag). Von diesem Tag an waren Engelchen und Bengelchen auf der Erde. Und selbst heute leben sie noch hier unter uns. *In jedem Menschen ist ein Engelchen und ein Bengelchen.* Und immer, wenn jemand frech ist, siehst du das Bengelchen in ihm, und wenn jemand nett und hilfsbereit ist, siehst du das Engelchen in dem Menschen.

Anna Maria, 10 Jahre, Hans-Schäufelin-Grundschule, aus Nördlingen, Deutschland.

Goldlöckchen oder das Engelbengelchen

Wenn alle Glocken klingen und alle Sterne singen und die Sonne untergeht, ist es für Kinder zum Wachbleiben zu spät. Doch wenn wie Gold ein Stern hinunterfällt, die Dunkelheit erhellt, erwachen die Helden dieser Welt.

„Bist du auch noch wach?"

„Natürlich! Niemals werde ich Goldlöckchen vergessen!" So tönt es nachts leise durch die Straßen Lenstadts und der anderen Dörfer. Denn dort passiert nachts etwas Magisches. Goldlöckchen ist unterwegs.

Hallo! Ich bin Goldlöckchen und lebe auf Wolke 25. Meine Aufgabe ist es, den Menschen Gutes zu bringen und ihnen jeden Tag aufs Neue ein Lächeln ins Gesicht zu zaubern. Aber mal von Anfang an. Bei seiner Geburt bekommt jeder Engel einen Zauberstab – gelb, weiß, rosa und mit ganz viel Glitzer. Auch ich. Ich bin eigentlich ein ganz normaler Engel: blasse Haut, blonde, lange Locken, blaue Augen und ein langes, weißes Kleid mit süßen Flügeln. Ja, ein ganz normaler Engel, denkt man. Das war ich auch, bis mein Zauberstab zerbrach. Ich weinte bitterlich und unter meiner Wolke regnete es ununterbrochen.

Doch schon bald hatte ich den rettenden Einfall. Unten in Lenstadt hatte ich ein Waisenhaus entdeckt. Ich sag euch, würde das Waisenhaus auf einer Wolke stehen, es würde immer regnen. So weinen dort die Kinder. Tagein, tagaus. Wenn man das sieht, krampft sich einem das Engelsherz zusammen. Andere Engel wären hingeeilt und hätten die Kinder getröstet. Doch ich wollte etwas anderes. Außerdem fehlte mir ja der Zauberstab. Ich wollte den Kindern zeigen, wie schön das Leben wirklich ist. Bei meinem Einfall färbte sich meine Wolke sofort wieder komplett weiß. Ein guter Einfall also. Noch in dieser Nacht machte ich mich auf den Weg. Die Sterne funkelten mir zu, sie waren meine Freunde. Selbst der strenge Mond betrachtete mich mit Wohlwollen. Die meisten denken zwar, der Mond würde zu-

und abnehmen, aber das stimmt nicht. Der Mond macht, was er will.

Ich hatte mir heute normale Menschenkleidung angezogen und war wie ein normales Mädchen in die Stadt gekommen. Bald kam ich ins Waisenhaus und verwandelte mich wieder in einen richtigen Engel. Alles war still und dunkel, aber die Tränen, die mir entgegenkullerten, wiesen mir den Weg. Leise kam ich ins Zimmer. 13 Kinder schauten mich mit großen Augen an, als könnten sie nicht glauben, was sie sahen.

Nur wieso? Sie sahen ja mich!

Eines der Kinder hatte besonders verweinte Augen. Ein Mädchen, etwa neun Jahre alt. Ich kam zu ihr. „Nicht traurig sein, was ist denn passiert?"

Da sah mich das Mädchen traurig an. „Meine Eltern sind vor zwei Jahren gestorben ..." Die Kleine sprach mit leiser Stimme.

Ich sah sie nachdenklich an, dann alle anderen. „Ich habe eine Idee. Kommt mal alle mit!" Leise, wie in Trance folgten mir die Kinder. Ich erklärte ihnen, wer ich bin.

Ein Junge fragte: „Darfst du das eigentlich? Also ... uns besuchen?"

Ich sah ihn kopfschüttelnd an. „Nein, da würden bei dem Herrn Oberengel alle weißen Federn aufrecht stehen!"

Der Junge sah mich grinsend an. Grinsend! Endlich! Schnell kamen die anderen Kinder auch. „Wieso bist du denn hier?"

„Na, weil ich euch helfen will. Wenn ihr auf einer Wolke wäret, die wäre ganz grau und würde dauernd regnen. Aber ich mag keinen Regen. Also mache ich euch wieder glücklich!" Die Kinder lachten fröhlich. Ich lachte auch. Lachende Kinder können nämlich fliegen. Aber das ist ein Geheimnis. Also flogen wir hinauf zu den Wolken, wo die großen Engel schliefen, die Kinder halfen einander, die großen den kleinen. In dieser Nacht bekam so mancher Engel einen kleinen Schrecken, denn ich zeigte den Kindern, wie lustig es ist, die großen Engel zu ärgern. Natürlich nur so, dass sie sich nicht zu schlimm ärgerten. Seit dieser Nacht fliegen wir jede Nacht mit den Kindern aus ganz vielen verschiedenen Städten und ärgern und necken die anderen Engel. Seitdem gibt es Regenbogen, denn sie kommen nur, wenn ein Kind zum ersten Mal seit Langem wieder lacht.

Also tat Goldlöckchen doch Gutes, aber anderes, als alle anderen Engel. Nach und nach kamen Kinder aus aller Welt zu den nächtlichen Flügen in ihren Träumen.

Und wenn du es dir ganz dolle wünschst und als letztes Bild vor dem

Einschlafen Goldlöckchen vor Augen hast, kommt sie bestimmt auch zu dir. So wurde Goldlöckchen am Tage nur als hübschestes Engelchen bekannt. Bei den Kindern aber als Goldlöckchen oder das kleine Engelbengelchen. Denn brav wurde sie nie. Zumindest in der Nacht.

Isabell, 12 Jahre

Harry und der Schutzengel

Manchmal da wandele ich umher und niemand bemerkt es. Wenn ich mich herumtreibe in den dunklen Ecken dieser Welt und in den prächtigsten Gebäuden. Wenn ich fliegen würde, was ich zwar gerne ab und zu tue, aber nicht vor den Augen eures Angesichts, fällt es niemandem auf. Wenn ich spreche, würdet ihr meine Stimme nicht verhören. Denn bis auf mein Handeln und den Windhauch, den ich hervorrufe, bin ich unsichtbar. Ich bin unsichtbar – und das ist gut so. Denn ich bin anders. Anders in jeglicher Hinsicht, obwohl es niemandem vom ersten Blick an nicht auffallen würde. Es ist eigentlich ein Klischee, wenn ihr meint, ich würde einen heiligen Schein und lange weiße Gewänder sowie blaue Augen besitzen. Zudem bin ich auch nicht überaus vorsichtig, sondern eher überaus tollpatschig.

Aber meine Aufgabe ist es, zu schützen. Die Menschenkinder und deren Eltern. Es gibt einige wie mich. Jeder hat sein Gebiet. Und in meinen Themengebiet ist es die Aufgabe, als Schutzengel Kindern zu dienen. Natürlich all das, ohne jegliches Aufsehen zu erregen. Und wenn jemand meint, dies wäre eine einfache Aufgabe, dann ist es geschwindelt. Denn es gibt nichts Schwierigeres, als ein Schutzengel zu sein. Aber nun genug von meiner Willigkeit. Ich denke, es wäre Zeit, eine Geschichte zu verkünden. Schließt einfach die Augen und folgt mir.

Wenn ihr drei Straßen weiter geradeheraus geht. Am Café links abbiegt. Dann die erste rechts und die Treppe nach unten, findet ihr mich. Ihr findet mich gerade mit einer Miene, die eher einem Wiederkäuer ähnelt, auf einen Fenstersims stehend und versuchend, einen kleinen Jungen einzufangen, der sehr bissig ist. Das teilten mir die Bissspuren am Handgelenk mit. Der Junge mit den Sommersprossen Gesicht und kurzen roten Haaren heißt Harry. Er ist ein Waisenkind aus der Stardown Lane. Aber für mich heißt er nur *Weidenjunge*. Denn er wurde vor zehn Jahren im Oktober in einem Weidenkorb hier vor der Türe des Waisenheims ausgesetzt. Dort nahm ihn die alte

Berta auf und versuchte, ihm genügend Liebe zu schenken. Die alte Berta ist eine liebevolle Frau, die schon etliche Kinder aufgezogen hat.

Aber nun wieder zu der Szene, in der ich mich jetzt gerade befinde. Es ist Montagmorgen und er versucht gerade, aus dem Klassenzimmer des Waisenheims zu entfliehen. Wenn auch nur für die Zeit, in der der Unterricht stattfindet. Aber anstatt die Tür im Keller zu nehmen, begab er sich doch lieber auf die James Bond-Variante und schlich sich in das Zimmer der Köchin, wo er wartete, bis alle im Unterricht waren. Dann kletterte er höchst vergnügt aus dem Fenster und hangelte sich an der Regenrinne entlang, was meinen Puls aufs Doppelte steigen ließ. Doch schon bald begann das alte Haus, von der Regenrinne Abschied nehmen zu wollen, indem sie sich immer mehr, Zentimeter um Zentimeter, von der verputzten Wand löste.

Ich war klug genug, um zu ahnen, dass dies nicht damit enden würde, dass sich die Regenrinne wieder von selbst annageln würde. Geschweige denn, dass Harry sich selbst wieder in das Zimmer der Köchin würde hochziehen können, um dann freiwillig im Unterricht zuzuhören.

Also war es meine Aufgabe, ihn vom Fenstersims des Hauses aus aufzufangen, nachdem er sich mit seinem Latzhosenträger in einem Stück Metall verheddert hatte. Von Panik gezeichnet, ließ ich ihn nach unten schweben, wo er sich nach seinem Retter umsah.

Eine Weile sah er mich, ohne es zu realisieren, schweigen an. Ob er mich wirklich jemals erkennen würde? So wie ich ihn kenne seit dem Tag, an dem wimmernd er vor diese Tür lag. Ich kannte ihn sehr gut: von seiner großen Intelligenz bis hin zu seiner frechen Ader, die mir oft schlaflose Nächte bereitete. Doch er sah mich nie, sondern spürte lediglich meine Hand auf seinen Schultern, wenn ich ihn fragte, ob es das sei, was er wirklich wolle.

Harry war ein Rebell. So war es meine tägliche Aufgabe, ihn vor Dingen wie Raufereien mit den Stadtdieben, Klippenspringen, Diebstählen im Süßwarengeschäft und all solchen Ideen von frechen Jungs zu beschützen. Zum einen bereitete es mir Vergnügen, aber mir war auch bewusst, dass dies schon bald ein Ende haben würde.

Denn Harry wurde größer und älter. Und mit der Zeit sogar vernünftiger. Er brauchte mich nicht mehr und wir verloren uns aus Augen mit den Jahren. Bis ich eines Tages den Auftrag bekam, für ein kleines Mädchen zu sorgen. Ihr Name war Nina und sie hatte die rötesten

Haare, die ich je gesehen hatte. Unser erstes Zusammentreffen geschah, als sie von der Schaukel im Garten ihrer Familie fiel. Leider kam ich Sekunden zu spät und konnte sie nicht vor dem Plumpsen bewahren – das konnte ich lediglich dadurch noch etwas abfedern, weil ihr Körper auf mich fiel.

Dann sah ich einen Mann aus der Tür kommen und uns zuwinken. Er nahm die Kleine auf den Arm und lächelte mich an. Er sah ihr ähnlich und mir wurde bewusst, auf wen ich hier traf . Nach all diesen Jahren war Harry zu einem Vater geworden und bedankte sich bei mir, indem er mich für einen Moment von meiner Unsichtbarkeit erlöste.

„Weißt du, mein Kind, es war dein Schutzengel, der dich aufgefangen hat. Bestimmt der, den deinen Vater auch vor so einigen Sachen bewahrt hat", lachte er leise auf.

Lea, 15 Jahre alt, aus Übach Palenberg , Deutschland.

Schrecken in der Nacht

Es war Samstagnachmittag, als das Baumhaus endlich fertig gebaut war. Ich guckte meine Zwillingsschwester Marie und meinen drei Jahre jüngeren Bruder Adrian lächelnd an. Seit drei Wochen bauten wir jetzt schon zusammen mit unseren Eltern am Baumhaus. „Das sieht toll aus", sagte ich glücklich.

„Ja", sagten meine Geschwister wie aus einem Mund und blickten weiter zum Baumhaus hinauf. Es hatte zwei kleine Fenster links und rechts und eine Holzleiter führte nach oben. Außerdem war um das Baumhaus rund herum ein Holzbalkon mit einem rot gestrichenen Geländer. Das Dach war genau im gleichen Rotton angestrichen und die Wände waren weiß. Im Baumhaus stand ein kleines Regal, in dem drei Wasserflaschen und drei Becher standen. Außerdem lagen drei Schlafsäcke in einer Ecke, denn wir durften im Baumhaus übernachten. In drei Stunden war es soweit. Ich konnte es kaum mehr erwarten und zählte jede einzelne Sekunde mit.

Punkt 19 Uhr kletterten wir die sechs Meter hohe Leiter hoch. Als wir oben ankamen, winkten wir unseren Eltern, die im Garten standen. „Viel Spaß", rief Papa.

Mama schrie: „Gute Nacht, ihr drei." Schnell gingen wir ins Baumhaus hinein und rollten unsere Schlafsäcke aus. Wir kuschelten uns ein und erzählten uns Gruselgeschichten. Die Zeit verstrich wie im Flug und plötzlich fielen mir die Augen zu. In meinen Träumen sah ich das Baumhaus und ich musste im Schlaf lächeln.

Mitten in der Nacht wurde ich von einem lauten Knall geweckt. Ich stand auf und ging nach draußen. Was ich da sah, ließ mir das Blut in den Adern gefrieren. Die Leiter war umgestoßen worden!!! Sie lag im Gras. Plötzlich sah ich eine dunkle Gestalt, die hinter einem Busch verschwand. Hatte sie die Leiter umgeworfen? Wie hieß sie? Und warum hatte sie das gemacht? Erst jetzt wurde mir klar, dass wir nicht mehr nach unten kamen ...

Ich zitterte.

Schnell ging ich ins Baumhaus und rüttelte meine Schwester wach. Marie fragte verschlafen: „Was ist denn los?"

Ich antwortete panisch: „Da war eine Gestalt im Garten und die Leiter wurde umgestoßen. Wir kommen hier nicht mehr runter!" Meine Schwester stand wortlos auf und ging nach draußen. Ich folgte ihr. Als sie die Leiter im Gras liegen sah, entdeckte ich Angst in ihren Augen. Im nächsten Moment stand Adrian neben uns. Ich bemerkte ihn erst nicht, aber als er neben mir stand, erschrak ich mich. Und zwar so sehr, dass ich fast vom Holzbalkon hinunter gefallen wäre. Zum Glück hielt Marie mich im letzten Moment fest.

„Danke", sagte ich zitternd.

„Was ist los?", fragte mein Bruder und guckte uns an.

Als wir zehn Minuten später meinem kleinen Bruder alles erzählt hatten, fragte er: „Was machen wir denn jetzt?"

Ich sah Tränen in seinen Augen und antwortete: „Wir müssen nach Hilfe rufen." Meine Geschwister nickten und zusammen schrien wir los.

Nach fünf Minuten öffnete sich ein Fenster unseres Hauses. Es war Papa, der uns verschlafen anguckte. „Was ist den los", fragte er stirnrunzelnd.

Marie antwortete: „Jemand hat die Leiter vom Baumhaus umgeworfen und wir kommen hier nicht mehr runter."

Papa antwortete: „Das ist ja unerhört. Ich komme sofort in den Garten und stelle die Leiter wieder hin." Er schloss das Fenster und kam drei Minuten später in den Garten.

Als Papa die Leiter hingestellt hatte und wir nach unten geklettert waren, umarmten wir ihn glücklich. Ich sagte: „Ich schlafe jetzt aber doch lieber in meinem Bett."

„Ich auch", riefen meine Geschwister wie aus einem Mund. Schnell liefen wir ins Haus und wenige Minuten später kuschelten ich mich in meine Decke ein. Das war wirklich ein aufregendes Erlebnis. Ich überlegte noch lange, wer die Leiter um gestoßen haben konnte. Im nächsten Moment war ich eingeschlafen.

Am nächsten Morgen stand ich erst um elf Uhr auf. Schnell zog ich mich an und rannte zu meiner Schwester, denn ich hatte eine gute Idee. Marie saß an ihrem Schreibtisch und malte ein Bild.

Ich sagte: „Guten Morgen, komm schnell mit zum Baumhaus. Wir müssen dort nach Spuren von demjenigen suchen, der die Leiter umgestoßen hat."

Meine Schwester nickte kurz und zusammen rannten wir in den Garten.

Adrian saß dort auf der Schaukel und sagte: „Guten Morgen. Wo wollt ihr den so schnell hin?"

Marie antwortete: „Wir wollen zum Baumhaus, um nach Spuren zu suchen."

Ich fragte: „Willst du uns helfen?" Adrian nickte und folgte uns durch den Garten bis zum Baumhaus. Dort suchten wir alles nach Fußabdrücken, Stofffetzen und sonstigen Spuren ab. Nach 20 Minuten hatte ich immer noch nichts und wollte schon aufgeben. Da rief Adrian plötzlich: „Ich habe etwas gefunden."

Schnell rannten Marie und ich zu ihm und betrachteten sein Fundstück. Ich sagte: „Das ist ein kleiner Fußball."

Adrian antwortet: „Genau. Keiner aus unserer Familie besitzt so einen Ball."

Marie rief aufgeregt: „Da steht ja ein Name drauf."

Mir stockte der Atem, denn auf dem Fußball stand *Tom Meier*. Ich sagte erschrocken: „So heißt doch der Junge, der drei Häuser weiter wohnt." Meine Geschwister nickten. Wir rannten sofort die Straße hinunter zu dem Haus, in dem Tom mit seinen Eltern wohnte.

Als wir zwei Minuten später dort ankamen, klingelten wir Sturm. Die Tür wurde geöffnet und Frau Meier guckte uns lächelnd an. Marie sagte: „Wir wollen mit Tom sprechen." Frau Meier nickte und rief nach ihrem Sohn.

Im nächsten Moment stand Tom vor uns und grinste uns fies an. Ich sagte mutig: „Du hast die Leiter umgeworfen und du hast diesen Ball bei uns im Garten verloren."

Tom antwortete frech: „Das war cool. Ihr habt geschrien, als hättet ihr den Teufel persönlich gesehen."

Seine Mutter sagte streng: „Du sollst doch niemanden ärgern. Entschuldige dich sofort."

„Nein!" Tom und rannte zurück ins Haus.

Seine Mutter sagte entschuldigend: „Mein Sohn ist und bleibt eben ein Bengel." Da mussten wir alle lachen. So hat die Geschichte doch ein gutes Ende gefunden.

Lena Sophie, 12 Jahre, aus Berlin, Deutschland.

Engel oder doch Bengel?

Engel oder Bengel? Was bin ich? Ich weiß es nicht. Um ehrlich zu sein, wusste ich es noch nie so genau. Klar, ich war viel draußen und ziemlich wild, aber bin ich deswegen ein Bengel? Was definiert einen Bengel bzw. einen Engel eigentlich? Wikipedia schlägt einem gleich mehrere Definitionen vor. Neben einem Lausbuben ist ein Bengel angeblich auch eine Schlagwaffe, ein Teil einer Handpresse, ein Ort in den Vereinigten Staaten, eine Gemeinde in Rheinland-Pfalz und ein Ortsteil der Gemeinde Maierhöfen am Bodensee. Außerdem weiß ich jetzt, dass Bengel auch ein Nachname ist. Weitergebracht hat mich das aber auch nicht. Ist man ein Bengel, nur weil man energiegeladen ist? (Davon abgesehen, wenn, dann bin ich bitte ein Lausmädchen, so viel gegendert muss sein!)

Außerdem, ist der Ausdruck Bengel nicht etwas altmodisch? Wenn wir ehrlich sind, waren es ja meistens unsere Großeltern oder Tanten, die uns so genannt haben. Gibt es überhaupt Leute, die den Ausdruck Engel verdienen? Hat nicht jeder schon etwas angestellt?

Wenn ich genauer darüber nachdenke, wird mir klar, dass es schwierig ist, *brav* und *schlimm* zu definieren. Ist man schlimm und somit ein Bengel, nur weil man einmal einen Streich gespielt hat? Ist man brav, und somit ein Engel, wenn man einmal folgt?

Ich denke, *brav* und *schlimm* alleine sagt nicht viel aus. Man muss ja nicht brav sein, um fleißig zu sein, muss nicht schlimm sein, um viele Ideen zu haben. Viele berühmte Leute waren früher Lausbuben und haben Unsinn angestellt, heute sind sie weltbekannt und keiner käme mehr auf die Idee, sie als Lausbuben (oder -mädchen) zu bezeichnen. Darüber hinaus ist es ja bekannt, dass Kinder Grenzen überschreiten müssen, um herauszufinden, was sie sich erlauben können und was nicht.

Ich bin zum Beispiel jetzt nicht mehr so wild wie früher, sozusagen ein Wandel von *schlimm* zu (so halbwegs) *brav*. Gibt es das überhaupt? Kann man vom Bengel zum Engel werden oder umgekehrt?

Also vorausgesetzt, man war eines von beiden überhaupt einmal. Gibt es eigentlich ein Mittelding zwischen Engel und Bengel, zwischen schlimm und brav? Ist man dann etwa *schlirav* oder *bralimm*? Gibt es Engelbengel oder Bengelengel? Ich weiß es nicht und google es auch erst gar nicht. Es ist sicher noch keiner auf die Idee gekommen, ein Mittelding zwischen Engel und Bengel zu erfinden.

Egal, ich verwende *schlirav* und *bralimm* für diesen Text, diese Ausdrücke gefallen mir. Ich bin davon überzeugt, dass die meisten Menschen schlirav oder bralimm, also ein Mittelding zwischen Engel und Bengel sind. Es heißt ja schließlich auch: „Tu nicht so scheinheilig!" Ich sehe das als ein Zeichen, dass man nie ganz Engel sein wird.

Ist das Gegenteil von Engel jetzt Teufel oder Bengel? Oder ist der Bengel etwa mit dem Teufel verwandt? Ich stelle mir Bengel ja eigentlich nicht menschlich vor, eher wie ein Fabelwesen. Deswegen kann ich eigentlich gar keiner sein. Ich sehe sie mit zottigem Fell, einem Gesicht wie ein Bär und kleinen Engelsflügeln oder einem Heiligenschein vor mir. Demnach könnte der Bengel aber auch eine Kreuzung aus Engel und Teufel sein oder einfach nur ein Verwandter des Engels.

Gedankenversunken starre ich vor mich hin, auf der Suche nach neuem Schreibstoff.

Plötzlich erscheint eine menschengroße Gestalt vor mir. Ich brauche etwas, um in ihr einen Bengel zu erkennen, da ich mir diese Wesen ganz anders vorgestellt habe.

„Komm, gib mir die Hand, dann führe ich dich ins Reich der Engel und Bengel, ins Reich der Fabelwesen", meint die Kreatur.

Obwohl das Angebot sehr verlockend klingt, zögere ich. Wem kann man heutzutage schließlich noch trauen? Ich betrachte den Bengel vor mir prüfend und komme zu dem Schluss, dass er vertrauenswürdig aussieht. Aufgeregt gebe ich dem Bengel meine Hand. Mein Herz klopft wie wild, als alles um mich verschwimmt, trotzdem fühle ich mich an der Hand des Fabelwesens geborgen. Wir rasen durch verschiedene Welten, dann sind wir da. Mein Blick fällt auf ein Baumhaus. Darauf ist ein Brett mit der Aufschrift *Schule der Fabelwesen* genagelt.

„Sie ist da!", höre ich eine aufgeregte, dünne Stimme aus diesem Baumhaus, dann erscheinen einige Köpfe am Baumhausrand. Ich erkenne junge Elfen, kleine Bengel, süße Engel und noch einiges mehr. Sie alle scheinen mich schon erwartet zu haben. Aber woher wussten die denn, dass ich komme? Kaum habe ich mir diese Frage gestellt, verschwimmt die Umgebung um mich herum und ich verliere den Boden unter meinen Füßen.

Auf einmal sitze ich wieder vor meinem Laptop. Verwirrt starre ich vor mich hin. Habe ich das jetzt erlebt oder nicht? War ich in der Welt der Fabelwesen?

Ich stelle fest, dass ich, ohne es zu merken, eine Geschichte getippt habe. Gespannt fange ich an zu lesen – über meine Frage, die ich noch immer nicht beantworten kann, übergehend in mein seltsames Erlebnis, von dem ich bis heute noch nicht weiß, ob es wirklich stattgefunden hat. Vielleicht ist es aber auch nicht so wichtig, ob man ein Engel oder ein Bengel ist.

Victoria, 13 Jahre, aus Villach, Österreich.

Engel oder Bengel?

Es war einmal ein kleiner Engel. Es gibt viele von ihnen. Manche sind richtige Engel und manche eher Bengel. Sie unterscheiden sich durch die Haarfarbe. Engel haben goldene, gelockte Haare und Bengel sind schwarzhaarig. Jedenfalls handelt diese Geschichte von einem Engel. Doch leider hat dieser kleine Engel keine schönen goldenen Haare.

Nein, dieser Engel hatte schwarze, aber dennoch schöne Haare. Man hielt das kleine Engelchen für einen Bengel. Als der kleine Engel noch im Kindergarten war, war es nicht schlimm, dass das kleine Engelchen eine andere Haarfarbe besaß, aber jetzt, nach der Ausbildung, wollte keiner etwas mit dem kleinen Engel zu tun haben. Die Bengel fanden ihn zu nett und die Engel mochten ihn ebenfalls nicht. So wurde der kleine Engel traurig. Es wollte mit jemandem quatschen, Streiche spielen oder, oder, oder...
So entschied es eines Tages, zu Mali, der Fee der Gerechtigkeit, zu fliegen. Es machte sich auf den Weg. Das kleine Engelchen hatte vor, Mali um goldene Haare zu bitten, damit die anderen Engel ihn endlich respektieren würden. Er flog los.
Eine Kurve links, geradeaus, noch eine Kurve links und dann eine Kurve rechts. Für einen Engel ist diese Strecke sehr weit und anstrengend. Doch das kleine Engelchen bemühte sich. Dann endlich erreichte es einen großen Birnenbaum. Einen Birnenbaum? Ja, aber nicht irgendein Birnenbaum, sondern DEN Birnenbaum. Er barg ein magisches Portal zum Haus von Mali.
Das Engelchen überlegte, wie man das Portal denn eigentlich öffnen konnte. Da fiel dem kleinen Engelchen etwas ein. An Weihnachten, auf dem Tannenbaum war der Stern, also der kleine Schatz, immer oben auf der Krone. Also musste der Schlüssel dort oben irgendwo sein. Der Engel stieß sich kräftig vom Boden ab und flog gen Himmel. Bis an die Spitze des Baumes. Oben angekommen, pfiff ihm der Wind kräftig um die Ohren. Mit letzter Kraft hielt er sich an der Spitze fest.

Da passiert es. Ein sehr alter Engel tauchte auf. Es sagte: „Ich bin Hüter des Portals, das in das Haus der Fee der Gerechtigkeit führt. Wieso bist du hier?"

„Ich will zu Mali und sie um einen Gefallen bitten", erwidert das kleine Engelchen.

„Die Fee der Gerechtigkeit hat viel zu tun. Ich werde dir das Portal nur öffnen, wenn du würdig genug bist", meinte der alte Engel.

„Was kann ich tun, um mich als würdig zu erweisen?", fragte der Engel-Bengel.

„Dieser Baum ist auch bekannt als der Baum der 3334 Birnen."

Von diesem Baum hatte das Engelchen schon mal gehört, aber nie daran geglaubt, dass es ihn wirklich geben könnte.

Der alte Engel fuhr fort: „Iss eine, aber 3333 Birnen sind giftig. Entscheidest du dich falsch, wirst du sterben."

Wie erstarrt sah der Engel den alten Engel an. Was, wenn er die falsche Birne erwischte?! Die Chancen des Engels standen sehr schlecht. Aber es blieb nichts anderes übrig. Das Engelchen konnte doch jetzt unmöglich aufgeben!

Also flog es um den Baum herum und suchte sich eine Birne. Nicht zu rot und nicht zu grün. Mit aller Kraft zog es die Birne vom Ast. Es schloss die Augen. Vor Angst zitternd biss es hinein. Es wartete einige Sekunden, doch es passiert nichts.

Juhu! Der Kleine hatte es geschafft. Es hatte überlebt und das, obwohl die Chance 1:3333 gestanden hatte.

„Herzlichen Glückwunsch. Die meisten wären niemals dieses Risiko eingegangen. Aber jetzt kann ich es dir ja sagen, keine der Birnen ist giftig. Es ging mir nur darum, ob du das Risiko eingehen würdest. Ich bringe dich jetzt zu Mali", meinte der alte Engel.

Das kleine Engelchen aber sah sich verwundert um. Die ganze Angst war völlig umsonst gewesen! Das kleine Engelchen erhob sich schwerfällig, um dem alten Engel zu folgen. Dieser öffnet gerade ein Portal. Als sie durch das Portal gingen, prickelte es auf der Haut des kleinen Engels. Ein bisschen wie Brausepulver. Dann kamen sie in einen großen Raum. Und inmitten dieses Raumes, auf einem hölzernen Thron, saß Mali. Eine Fee. Sie sah so toll aus. Sie hatte schöne braune Haare und auf ihrem Kopf steckt ein kleines Diadem. Man nannte sie schließlich nicht umsonst auch *Königin des Waldes*. Sie sah zu dem Engel-Bengel und ein Lächeln umspielte ihre Lippen. „Ein Engel", sagte sie leise.

„Ähm, also, äh", stottert das Engelein und sah an seine Seite, wo eben noch der alte Engel gestanden hatte. Jetzt war er weg. Das Engelchen nahm all seinen Mut zusammen und fragte: „Woher wissen Sie, dass ich ein Engel bin und kein Bengel?"

Mali sah das Engelchen an und schien kurz zu überlegen. Dann sagte sie, wieder mit sehr leiser Stimme: „Man erkennt den Unterschied zwischen Engel und Bengel in ihrem Inneren. Viele, die so sind wie du, ergeben sich ihrem Schicksal und tun dasselbe wie die anderen. Doch du hörst auf dein Herz."

„Wie meinen Sie das? Glauben Sie, dass es Engel gibt, die eigentlich Bengel wären und umgedreht?"

„Ich glaube nicht, ich weiß es", meinte Mali und fügte hinzu: „Diese Engel und Bengel fügen sich ihrem Schicksal. DU nicht. DU kamst her, DU bist anders. Dein Schicksal und deine Aufgabe ist es, zu beweisen, dass es egal ist, welche Haarfarbe man hat. Nur das Innere zählt."

Mali hörte sich sehr weise an, als sie das sagte.

Das Engelchen staunt. Aber es war sich nicht sicher, ob es bereit war, diese große Aufgabe zu übernehmen. „Was soll ich denn machen? Die werden mir das nie glauben", wendete es ängstlich ein.

„Überzeuge sie. Unter ihnen sind schließlich auch solche wie du", sagte Mali.

Dann verschwamm alles und das Engelchen war in der Stadt. Keiner hat gemerkt, dass es weg gewesen war. Es war nun Sonntagmittag. Um diese Zeit wurden die Nachrichten von den Postengeln vorgelesen. Die Sonne strahlte vom Himmel. „Schön warm", dachte sich der Engel. Er hatte sich vorgenommen, nach den Nachrichten eine Rede zu halten. Es wollte, dass die anderen einmal darüber nachdachten. Dann begannen die Nachrichten. Der Postengel sah in seine Aufzeichnung und begann zu lesen. Der Engel war ganz aufgeregt. Ob ihm jemand glauben würde? Der Postengel verließ die kleine Bühne, auf der die Nachrichten verkündet wurden. Mit wankenden Schritten und zitternden Knien betrat er die Bühne. Die anderen sahen ihn mit Neugierde und Überraschung an.

Dann begann er seine Rede: „Hallo an alle Engel und Bengel, habt ihr euch auch schon einmal überlegt, dass nicht alles so ist, wie es scheint? Dass man zu viele Vorurteile hat? Dass man Dinge lehrt, die seit vielen Generationen falsch sind." Langsam fasst der kleine Engel Mut.

„WIR sind nicht so, wie wir scheinen. Wir sind unterschiedlich. Und uns unterscheidet nicht die Haarfarbe. Es ist unser Charakter, der es tut. Seid ihr selbst!"

Hatte das ausgereicht? Hatte er die anderen damit bereits überzeugt? Die Engel sahen ihn an. Alle waren leise geworden, doch auf einmal ging ein Gemurmel los. Jeder flüsterte mit dem anderen. Doch keiner schien ihm so wirklich zu glauben. Selbst die Engel und Bengel, die so waren wie er, hielten sich zurück.

Über ihnen begann jemand zu klatschen. „Das ist richtig. Alles, was er sagt. Hört auf euer Herz. Und ich, die Königin des Waldes, stimme zu. Das meiste liegt verborgen hinter einer Maske."

Ein paar Engel stiegen in die Luft und klatschten ebenfalls. Das waren die Engel und Bengel, die so waren wie der Engel-Bengel. Ein paar andere fielen in das Klatschen mit ein. Bis alle klatschten und so ihr Einverständnis zeigten. Sie waren einverstanden, dass alle zu verschieden waren, um sie in Gruppen zu ordnen. Noch am selben Abend fand ein Fest statt. So fröhlich und ausgelassen, wie er noch keines gesehen hatte.

Leni, aus Ohorn, Deutschland.

Peterchens Engel

Es war Samstag und Peterchen langweilte sich. Nach draußen konnte er nicht gehen, denn da regnete es in Strömen.
„Räum doch mal dein Zimmer auf", hatte Mama gesagt. Aber das war das Letzte, was Peterchen wollte. Er wollte ein Abenteuer! Da ein solches jedoch nicht so schnell in Sicht war, stapfte er die Treppe herunter, um zu gucken, was seine Mama machte. Doch nanu, wo war sie denn geblieben?
„Mama?", rief der Junge und lief durch den Flur. Dort auf dem kleinen Holztisch lag ein Zettel:

Bin zum Abendessen wieder da, Mama.

Warum hatte Mama denn nicht Bescheid gesagt? Peterchen wurde traurig, denn er mochte es nicht, allein zu sein. Betrübt ging er wieder nach oben, als plötzlich in Mamas altem Schrank etwas aufblitzte. Was das wohl sein mochte? Neugierig geworden schlich er hin und staunte nicht schlecht. Denn das blitzende Ding entpuppte sich als kleiner weißer Engel. Die Figur war etwas verstaubt, aber ziemlich niedlich mit seinen winzigen Flügelchen. „Wow! Der ist ja schön." Eigentlich mochte Peterchen alten Kram nicht, doch dieser kleine Engel sah so sonderbar aus, dass er ihn mit in sein Zimmer nahm. Auf seinem Bett stellte er die Figur behutsam ab und sprach zu ihr: „Warte kurz! Ich hole nur schnell einen Waschlappen und mache dich sauber."
Als er wieder zurückkam, war der Engel verschwunden. Doch noch bevor Peterchen sich darüber wundern konnte, hörte er plötzlich eine fremde Stimme hinter sich: „Ein cooles Zimmer hast du da." Er drehte sich um und ... blickte direkt in das Gesicht seines kleinen Engels! Na ja, klein war der Engel nicht mehr, eher so groß wie er selbst.
Mit aufgerissenen Augen betrachtete er das (jetzt lebende) sonderbare Geschöpf.

„Brauchst gar nicht so zu gucken, Peter", redete dieses munter weiter.

„Aber ... wer ... mein Name ... woher kennst du meinen Namen?", stotterte Peterchen.

„Ich bin ein Engel", meinte sein Gegenüber. „Weißt du, wir Engel kennen alle Kinder auf der Welt!"

Das konnte Peterchen nicht glauben. „Wirklich?"

„Aber ja", erwiderte der Engel. „Engel haben die Aufgabe, auf Erdenkinder wie dich aufzupassen. Und da dir gerade langweilig ist, schlage ich vor, wir machen etwas Schönes zusammen." Er überlegte kurz und fügte dann hinzu: „Ich bin jetzt dein Freund."

Der Junge strahlte und nickte. Er sah sich im Zimmer um, was sie wohl spielen könnten, da bemerkte er, dass draußen wieder die Sonne schien. „Wir könnten vielleicht nach draußen gehen", überlegte er. „Was spielen denn Engel so den ganzen Tag?"

„Das ist eine gute Frage", sagte sein neuer himmlischer Freund.

„Lass es uns doch gemeinsam herausfinden. Halte dich gut an mir fest", forderte er Peterchen auf. Obwohl dieser den Sinn der Aufforderung nicht ganz verstand, hielt er die Hand des Engels fest umklammert.

Und schon im nächsten Moment hoben sie ab. Erst langsam und dann immer und immer schneller flogen sie über die Häuser der

Stadt hinweg. „Das ist ja unglaublich!", freute sich der kleine Junge, der es noch gar nicht fassen konnte, dass er tatsächlich mit einem echten Engel über die Dächer der Stadt schwebte, und rief: „Da ist ja meine Schule ... und die Bücherei ... und Omas Haus! Hallo, Oma! Ich bin hier oben!"
Doch Oma hörte ihn nicht.
„Wollen wir noch höher fliegen?", fragte da der Engel.
Peterchen nickte abermals und so flog das seltsame Paar den ganzen Nachmittag über die Stadt und bis hinauf in die Wolken. Sie lachten und seit langer Zeit schien Peterchen das erste Mal wieder richtig glücklich.
Als es langsam dunkel wurde, wollte er wissen: „Aber was ist denn jetzt mit den ganzen anderen Engeln? Wo sind die?"
„Überall und nirgendwo", antwortete Peters Freund. „Wenn ein Kind uns braucht, sind wir zur Stelle. Man kann sagen, die ganze Welt ist unser Zuhause." Er lächelte seltsam. „Fliegen wir zurück. Es ist spät."
Schweigend machten sie sich auf den Heimweg, bis Peterchen plötzlich leicht bedrückt meinte: „Schade, dass es schon vorbei ist."
„Nein", widersprach der Engel, „vorbei ist es noch lange nicht."
In seinem Zimmer angekommen, ging auch schon die Tür auf. Mama kam herein. „Ich bin wieder da! Tut mir leid, aber es war ganz dringend, deswegen konnte ich nicht ..."
„Mama!", unterbrach sie der kleine Peter. „Mama, ich muss dir unbedingt was erzählen!" Er drehte sich um, um seiner Mama seinen neuen Freund zu zeigen, doch statt des Engels ruhte nun die kleine weiße Engelsfigur mit den winzigen Flügelchen wieder friedlich auf dem Bett.
„Ich sehe schon", sagte Mama, „du hast meinen alten Engel gefunden. Mit dem habe auch ich schon viele Abenteuer erlebt und einige habe ich bis heute nicht vergessen. Pass also gut auf ihn auf." Mit diesen Worten verließ sie das Zimmer.
Peterchen blickte verwirrt die kleine Engelsfigur an, die ihm lachend zuzwinkerte.

Maja, 15 Jahre, aus Kemberg, Deutschland.

Ein aufregender Ausflug und seine Helden

Es war Freitagmorgen, etwa 7.30 Uhr, als sich die drei Bengel Max, Toni und Paul auf den Weg zur Bengelschule machten. Alle drei Quatschkäfer waren in voller Vorfreude auf die Schule, weil sie einen tollen Streich vorhatten. Sie wollten alle den Lehrer ignorieren und schließlich Erbsen mit einer Flüssigkeit platzen lassen.

Als sie zehn Minuten zu spät in die Klasse kamen, waren alle ihre Klassenkameraden schon voll und ganz damit beschäftigt, den Lehrer zu ignorieren. Der Lehrer wollte schimpfen, aber sie ignorierten ihn einfach. Und so ging das schon zwei ganze halbe Schuljahre.

Als die drei Bengel an diesen Tag in die Schule kamen, staunten sie nicht schlecht: Ihr Lehrer Herr Winter fehlte!!! Und noch etwas brachte sie dazu, den Mund nicht mehr zuzubekommen. Statt ihres Lehrers stand da eine weiße Gestalt mit goldenem gelocktem Haar vor der Tafel.

Die drei setzten sich breit auf ihren Stuhl. Sicherheitshalber! Man konnte schließlich nicht wissen, ob ein neuer Lehrer freundlich oder eher unsympathisch war. Diesmal hatte die Klasse einen freundlichen, aber strengen Lehrer bekommen. Alle mussten sich daran gewöhnen. Von nun an kam der Engel jeden Tag. Die Schüler fanden allmählich Freude am Lernen und Arbeiten. Max, Toni, Paul und ihre Klassenkameraden waren kaum wiederzuerkennen. Sie lernten alle fleißig, hatten gute Noten und waren hilfsbereit. Alle verbesserten sich. Bis eines Tages der alte Lehrer, Herr Winter, zurückkam.

Die drei Bengel freuten sich auf die Schule. Denn sie lernten heute, wie man ein Feuer anzündet. Das musste jeder Bengel können, um ein richtiger Bengel zu sein. Das erste Mal durften sie das nur unter Aufsicht. Als sie ankamen, waren sie auf ihre Engellehrerin eingestellt. Nun sahen sie aber ihren alten Lehrer Herrn Winter mit dem Schrank in ihrer Klasse sprechen. Sowas hatten sie bisher nur bei ihrer Engellehrerin, Frau Goldhaar, gesehen.

Als der Unterricht an diesem Tag zu Ende war, rannten die drei Bengel in ihr Geheimlager und berieten sich. Ihnen flogen alle möglichen Gedanken durch den Kopf.

Paul fragte: „Hat er uns vielleicht ausgetrickst und belogen? Oder war es vielleicht ein Traum?" Nachdem sie drei Stunden überlegt hatten, berieten sie sich mit den Möbeln. Alle Bengel konnten sich mit Möbeln aller Art unterhalten. Als sie sich eine Stunde darüber Gedanken gemacht hatten, beschlossen sie, jetzt erst mal nichts zu unternehmen und wollten schauen, ob Herr Winter morgen immer noch da war.

Am nächsten Morgen ging Max allein zur Schule, weil seine Freunde mit der Telefonzelle hingeflogen waren. Die sogenannte Telefonzelle war ein PC, in den die etwa einen Millimeter großen Bengel unbehindert einsteigen konnten.

Die Jungs gaben das Ziel in der Tastatur ein. Der Computer machte ein paar Geräusche, die sich anhörten wie Wassergeplätscher, und stand dann im Klassenzimmer. Max fand seine Freunde sofort und sie sahen alle drei, dass ihr Lehrer immer noch da war. Sie waren geknickt.

Na ja, die düsteren Minen erhellten sich, als der Lehrer verkündete, dass sie heute ins Kinderbad gehen würden. Das Tolle daran war, dass nur Kinder Zutritt hatten, Erwachsene mussten nebenan in das Erwachsenenbad. Da es aber fast nur Kinder gab und nur zehn Prozent Erwachsene, wurden manchmal Ausnahmen gemacht. So hatten sie Glück, da ihr Lehrer noch zu den Kindern zählte.

Im Kinderland hatten sie erstaunlich viel Spaß. Ihr Lehrer erlaubte sogar, dass sie schwimmen durften. Allerdings nur unter Aufsicht!!! Es wurde ein toller Tag! Sie feierten bis in die Nacht! Es wurde ein ganz tolles und spezielles Fest. Als sie gingen und der Lehrer redete, merkte er plötzlich, dass Max fehlte! Herr Winter schickte alle los und sagte: „Ihr müsst mir versprechen, dass ihr in einer Viertelstunde spätestens wieder da sein werdet!" Sie bekamen noch Suchrichtungen eingeteilt und los ging es.

Toni und Paul machten sich voller Sorgen auf die Suche. Sie hatten schreckliche Angst um Max! Sie mussten ihn unbedingt finden, er war doch ihr Freund. Sie suchten und suchten und schließlich waren sie so müde, dass die beiden beschlossen, eine Pause zu machen. Sie setzten sich auf den Stein, der neben ihnen lag.

Plötzlich fiel Paul, der sich gerade setzen wollte, eine im Gras liegende Person auf. „Da ist er! Da ist Max!", schrie Paul atemlos. Sie sprangen auf und rannten auf ihren Freund zu. Sie vergaßen, dass sie müde waren und ihre Beine schmerzten, so erleichtert waren sie, ihren Freund wieder bei sich zu haben!

Als sie bei ihm ankamen, merkten sie, dass er nicht ansprechbar ist. „Lauf schnell zurück und sag Herrn Winter, dass wir Max gefunden haben und dass er ein Baluskop mitbringen soll!", rief Toni. Ein Baluskop war etwas wie ein Krankenwagen.

Paul rannte los. Er rannte und rannte, bis er endlich ankam. Atemlos erzählte er den anderen, die sich bereits versammelt hatten, was passiert war. Herr Winter reagierte sofort. „Schnell, ich rufe ein Baluskop an! Vincent, geh bitte mit den anderen zurück! Paul, du bleibst hier. Vincent, du trägt jetzt die Verantwortung!!!" Herr Winter kramte sein Telefon aus der Tasche. Es gab dort nämlich keine Handys, wie wir sie kannten. Der Lehrer sortierte die Kabel, denn er hatte seine Tasche mit Steckdosen ausgestattet. So schnell es ging, rief er in der Baluskopanlage an. „Wie war doch gleich diese verflixte Nummer?" Herr Winter überlegte: „Ah, jetzt weiß ich: 93215693510913568102 7928926270004567891890000!"

Na ja, schnell ging das ja nicht. Es dauerte genau 500 Hunde. Also umgerechnet in Sekunden waren es 356049 Sekunden! Und als Herr Winter endlich nach 500 Hunden oder 356049 Sekunden fertig war, dauerte es nicht lange, da kam auch schon das Baluskop.

Paul und Herr Winter stiegen ein und das Baluskop fuhr ab. Bis sie bei Max und Toni angekommen waren, vergingen drei Hunde, also 300 Sekunden. Toni war total am Ende. Er hatte einfach nicht ge-

wusst, was er machen sollte. Das Ergebnis: ein Max, der regungslos dalag, und ein Toni mit starken Kopfschmerzen. Der Mann im Baluskop meinte: „Ich nehme beide mit. Tonis Mutter kann Toni wahrscheinlich morgen früh abholen. Nach Max muss ich erst schauen."
Und so fuhr das Baluskop mit den zwei besten Freunden von Paul ab. Der Lehrer ging mit Paul in die Schule zurück. Sie mussten erst mal alle Fragen beantworten. Als die beiden damit fertig waren, schickte Herr Winter die Kinder nach Hause. Als alle gegangen waren, beschloss auch Herr Winter, dass es Zeit war, zu gehen. Die vielen Strafarbeiten konnte er genauso gut zu Hause korrigieren.

Am nächsten Tag verkündete der Lehrer seinen Bengelschülern, dass Tonis Mutter angerufen und ihm mitgeteilt habe, dass sie Toni abgeholt habe und dass er aber noch zu schwach sei, in die Schule zu kommen. An diesem Tag waren alle müde und traurig. Alle hofften, dass es Max bald besser gehen würde. Paul sorgte sich am meisten um seine zwei besten Freunde.
Tag um Tag verging. Eines Tages aber kam Herr Winter mit Toni und Max zur Tür herein! Paul rannte auf die beiden los. Er umarmte sie so fest, dass sie beinahe keine Luft bekamen. Max konnte zwar noch keinen Sport machen, aber das würde sich schon noch ändern!
Und er hatte recht, nach einem Monat konnte auch Max wieder Sport machen! Als alles wieder in Ordnung war, wurde der Unterricht wieder langweilig. Max, Toni und Paul fanden, das musste sich ändern! Also trafen sie sich, um sich etwas auszudenken.
Und endlich hatten sie den genialen Einfall: Jeden zweiten Tag mussten sie etwas Besonderes in der Schule machen!
„Mann! Super, Toni! Das ist die Idee!", riefen Paul und Max fast gleichzeitig! Die drei beschlossen, anschließend nach Hause zu gehen.
In der Früh trafen die drei sich vor der Schule. „Aber Herr Winter, das wäre doch so cool! Und außerdem wäre das auch für Sie toll!", versuchte Max, Herrn Winter zu erklären. Aber der Lehrer ließ sich nicht überstimmen.
In der großen Pause berieten sie sich. Es musste einen Weg geben, da waren sich Max, Toni und Paul ganz sicher!
„Hey, ich hab's!", rief Paul. „Wir müssen die anderen einweihen! Wenn wir mehr sind, erlaubt es Herr Winter vielleicht!"
„Mann, Paul, das ist die Idee!", rief nun auch Max.

Toni war nicht mitgekommen. „Ho?"

„Mann, Toni! Tscheckst du's nicht? Wenn wir mehr Kinder sind, können wir Herrn Winter eher überzeugen!", erklärte ihm Max. Und so teilten sie sich auf und erzählten es allen aus ihrer Klasse. Nach der Pause versuchten sie es also noch einmal. Aber es klappte nicht! Es musste ein anderer Plan her. Aber nur welcher? Sie versammelten sich wieder einmal. Diesmal allerdings mit der ganzen Bengelklasse! Alle quasselten durcheinander, bis Max seinen Lieblingssong so laut stellte, dass es allen in den Ohren wehtat. Na ja, und weil es Max war, der die Musik so laut gemacht hatte, hatte er jetzt das Sagen. Am Schluss einigten sie sich auf eine etwas gefährliche Idee. Sie wollten alle extra früh in die Schule kommen, sich im Klassenzimmer verstecken. Wenn der Lehrer hereinkam, wollten sie ihn fesseln, bis er nachgab. Sie verabredeten sich für 5 Uhr morgens.

Als der Lehrer am nächsten Morgen in die Schule kam, wurde er von seinen Schülern überfallen und gefesselt. Er war so überrascht, dass er beinahe einen Herzinfarkt bekommen hätte. „Hey, lasst mich sofort los!", schrie Herr Winter. „Habt ihr nicht gehört? Ihr sollt loslassen! Was fällt euch eigentlich ein?"

„Wir wollen, dass wir jeden zweiten Tag etwas Lustiges in der Schule machen!", schrie jetzt auch Paul.

„Na gut!", gab der Lehrer sich schließlich geschlagen. „Aber lasst mich los!"

Jubel brach aus und sie feierten noch drei ganze Tage ihren Sieg!

Miriam, 10 Jahre, aus Nördlingen, Deutschland.

Endlich Frei!!!

November, 1437, Znojmo (Tschechien)

Ich starrte aus dem verdreckten Fenster. Vor mir lag das weiße, unbeschriebene Blatt, für das meine Eltern ihr hart erarbeitetes Geld ausgegeben hatten.
„Komm! Beschreibe mich, und erzähle der Welt eine Geschichte!!", schien es zu sagen.
Leider hatte ich zu so etwas keinen Nerv mehr. Meine Eltern erwarteten aber, dass ich einmal eine berühmte Dichterin würde, während meine Zwillingsschwester Valentina den ganzen Tag machen konnte, was sie wollte. Ich beneidete sie oft. Wir sahen beide komplett identisch aus, aber sie hatte schon eine ganz andere Ausstrahlung. Bei ihr wirkten die blonden Locken wild, bei mir engelhaft. Unsere Sommersprossen wirkten bei ihr wie kleine Narben, bei mir hingegen bestätigten sie nur meine Gesamterscheinung eines braven Mädchens. Der einzige offensichtliche Unterschied zwischen uns war, dass sie immer verschmutzte und zerrissene Klamotten trug, während meine Mutter für mich immer brave Mädchenkleider kaufte, welche sie von einer Freundin erhielt. Für meine Eltern war ich klar der Liebling der Familie.
Seufzend ließ ich den einfachen Stift sinken. So konnte es nicht weitergehen. Ich saß hier schon nun seit Stunden, aber mir fiel nur ein Thema ein, über welches ich schreiben wollte: Freiheit. Für mich bedeutete Freiheit mehr als nur ein schönes Wort, welches man oft benutzt, ohne den Sinn hinter ihm zu verstehen. Ich wollte ein Gedicht schreiben, welches Freiheit richtig zum Ausdruck brachte.
Da durchfuhr es mich wie ein Stromschlag. Ich hatte eine Idee. Ich nahm das gähnend leere Papier und füllte es rasch mit meinen Worten:

Nun lass ich die schweren Schellen fallen,
Entziehe mich alle Krallen.
Will leben ohne Zwänge,
Löse mich aus den Fängen.

Ich las alles durch und war zufrieden. Damit würden sich meine Eltern vorerst zufriedengeben. Wieder starrte ich aus dem dreckigen Fenster. Eine dicke Schicht zog sich über sie Einfachverglasung. Wir waren so arm, dass wir keinen Tropfen Wasser übrighatten, um die Fenster zu reinigen. Der einzige Vorteil war, dass es im Haus – welches diesen Begriff eigentlich nicht verdiente, schließlich war es nur eine Lehmhütte mit Glasscherben, die wir Fenster nannten – zu jeder Jahreszeit schön kühl war. Meine Eltern sagten immer, ich solle froh sein, dass ich überhaupt schreiben könnte. Als ich elf Jahre alt war, kratzten meine Eltern alles Geld zusammen und lehrten mich das Schreiben.

Ich stand auf und ging schweren Schrittes zum Eingang unserer Hütte. Ich setzte mich vor unsere Hütte und beobachtete das rege Treiben auf der Straße. Unzählige Bauern trieben ihr Vieh zum täglichen Markt, um es dort für einen guten Preis zu verkaufen. Jeder in diesem Stadtteil brauchte Geld dringend. Dass Geld hier Mangelware war, konnte man unschwer an den Hütten erkennen, welche meistens nur aus Lehm und Stroh bestand.

Andererseits waren wir froh, dass wir überhaupt innerhalb der schützenden Stadtmauern lebten und nicht – wie Verbannten und Räuber – vor der Mauer. Wer vor der riesigen Mauer lebte, war in der Gesellschaftsschicht automatisch ganz unten.

Ich hatte immer schon sehr viel Angst vor den außerhalb der Mauern Lebenden gehabt, aber besonders fürchtete ich mich vor Hexen. Nachts, wenn die Stadt schlief und ich dichtete, meinte ich manchmal, eine Hexe am Himmel zu sehen. Jedes Mal fürchtete ich mich vor diesen gespenstischen Wesen. Am meisten aber fürchtete ich mich vor den sprechenden Tieren der Hexen und Hexer.

Nachbarn von uns hatten schon einmal meine Schwester beschuldigt, eine Hexe zu sein, da sie so anders war. Außerdem meinte ein Nachbarsjunge, gesehen zu haben, wie sie einem unserer Pferde Kräuter gegeben hatte. Gott sei Dank kamen wir aus der Geschichte *nur* mit einer Geldstrafe raus.

Seitdem war höchste Vorsicht geboten, denn unser Stadtviertel war für seine Vielzahl an Hexen bekannt. Fast jeden Tag gab es einen Prozess mit einer Hexe oder einem Hexer, der wegen Hexerei angeklagt worden war. Oftmals wurden sie verbrannt oder gefoltert.

Die kalte Abendsonne tauchte wie ein gutes Omen für einen Neubeginn hinter der gewaltigen und stattlichen Stadtmauer auf. Auf einmal hatte ich das einzigartige Gefühl, alles schaffen zu können. Wie eine starke, unaufhaltsame Welle ergoss sich neues Selbstvertrauen über mich. Das erste Mal in meinem Leben wusste ich, was ich machen wollte. Ich wollte frei sein und anderen Menschen helfen. Ich wollte nicht nur dasitzen, Gedichte schreiben und das Leben verpassen. Ich wollte das Leben anderer Menschen besser machen.

Auf einmal wusste ich genau, was ich wollte. Wie Nebel, der langsam verschwand, wusste ich es: Ich wollte Apothekerin werden und mit meiner Medizin anderen Menschen das Leben retten. Als symbolisches Zeichen riss ich mein Kleid ein Stück ein. Vorbei war die Zeit, in der ich dichtete. Ich stand auf und dachte: „Ich schaffe alles, wenn ich es nur will."

Marit, aus Hennef, Deutschland.

Raphael verzweifelt gesucht

„Erzähl weiter!" Mit leuchtenden Augen rückt Nelli näher an ihre Großmutter Ella heran. Die alte Eichhorndame lacht und streicht ihrer Enkelin liebevoll über den Kopf. „Nur mit der Ruhe. Du kennst die Geschichte ohnehin schon auswendig ... Wie gesagt, da stand auf einmal dieses sonderbare Mädchen unter meinem Kobel und bat mich darum, sie zur nächsten Menschensiedlung zu führen. Sie erzählte mir von einem gewissen Raphael, der vor Kurzem verschwunden war und nun wieder Unfug trieb. Sie sah so verzweifelt aus, und obwohl ich sonst nichts über sie wusste, half ich ihr kurzerhand." Mit einem geheimnisvollen Lächeln lehnt sich Nellis Großmutter zurück und erzählt weiter ...

Die ersten Strahlen der fahlen Herbstsonne erhellten schon den Himmel, aber noch war die Sonne selbst nicht über die Baumwipfel geklettert. Stattdessen hing noch immer der ruhige Atem der Nacht über den Gebäuden der Stadt. Nur wenige Menschen waren unterwegs. Die Augen auf die gegenüberliegende Kathedrale geheftet, saßen das fremde Mädchen und das junge Eichhörnchen Ella im Unterholz. Auf der rechten Seite begann die Neubausiedlung.

Seit ihrer Begegnung an Ellas Kobel hatten die beiden kaum ein Wort gesprochen. Das Einzige, was Ella aus der Fremden herausbekommen hatte, war ihr Name. Serafina. Obwohl ihr ungefähr hundert Fragen unter den Krallen brannten, riss sie sich zusammen. Ihre Begleiterin schien nicht sonderlich gesprächig zu sein.

„Er muss hier irgendwo sein. Das spür' ich. Hoffentlich hat ihn noch keiner gesehen", brach Serafina unvermittelt das Schweigen. „Sein Mensch muss ganz in der Nähe wohnen. Sonst wäre Raphael niemals hergekommen." Es schien, als hätte sie Ella vollkommen vergessen, und redete nur mit sich selbst.

„Wer ...", begann das Eichhörnchen vorsichtig, aber in diesem Moment richtete sich Serafina auf und trat hinaus auf den Bürgersteig.

„Pass auf!", rief ihr Ella hinterher. „Das ist gefährlich! Sie haben diese seltsamen Kobel, die sich von selbst bewegen."
 Aber das Mädchen hörte nicht auf die warnenden Worte, sondern blickte sich um und stieß sich vom Boden ab. Wie eine Rakete schoss sie direkt auf den steinernen Bogen zu, der den Eingang der Kirche bildete. Von dort starrten verwitterte Figuren aus Sandstein auf die Besucher herab, Wasserspeier, Engelchen und Heilige.
 Noch bevor Serafina sie erreichte, kam Bewegung in die Steinfiguren. Einer der Engel löste sich von dem Bogen und flog hinauf auf die Spitze des Kirchturms. Dabei bröckelte der Stein von seinem Körper ab und die Flügel zogen sich in den Rücken zurück. Stattdessen setzte sich ein kleiner Junge mit Pausbacken und dunkelblonden Locken auf den Wetterhahn und grinste frech. Das also war Raphael.
 Serafina flog einen engen Bogen und wollte sich auf ihn stürzen. Der Wetterhahn beugte sich bedrohlich zur Seite und knickte mit einem Scheppern ab. Raphael kicherte und sauste hinüber zu den Einfamilienhäusern. Serafina unterdrückte einen Fluch, als er die Mülltonne vor einem der Häuser umstieß, mit spitzen Fingern Bananenschalen aus dem Biomüll suchte und vor Haustüre und Fenster drapierte. Alle Vorsicht über Bord werfend, folgte das Mädchen ihm.
 „Was um alle goldlockigen Harfenspieler machst du da?", flüsterte das Mädchen so, dass er es hören konnte.
 „Bananenschalen verteilen. Wenn Marco auf einer ausrutschen sollte, bin ich zufällig schon da und beschütze ihn. Dann merkt er gleich, dass er jetzt einen Schutzengel hat. Clever, nicht?" Stolz grinste er sie an und näherte sich Weihnachtslieder pfeifend einem der Fenster. Dabei hinterließ er eine Spur aus Goldstaub. „Und jetzt werde ich ..."
 „Gar nichts wirst du!", brauste Serafina auf. „Hast du den Verstand verloren? Ich vernachlässige hier meine Pflichten als Schutz..." Sie streckte gerade den Arm aus, als plötzlich ein Geräusch aus dem Haus drang.
 Die beiden Engel erstarrten. Im nächsten Augenblick zog Serafina Raphael um die Hausecke neben der Tür. Keine Sekunde zu früh. Der Knauf drehte sich und die Tür schwang nach innen. Heraus trat ein hagerer Mann im Morgenmantel. Er streckte sich und war im Begriff, nach der Zeitung auf der Fußmatte zu greifen, als jemand nieste. Marcos Vater hielt inne und lauschte. Langsam drehte er sich um. Gleich würde er sie sehen. Wenn er um die Ecke blickte ...

Da flog eine Kastanie durch die Luft und traf ihn hart am Kopf. Dann noch eine und noch eine. Der Mann wandte sich verärgert um. Aber das rote Fell der Angreiferin war unmöglich im dichten Unterholz auszumachen. Laut fluchend verschwand der Mann im Haus und knallte die Tür hinter sich zu.

Erleichtert kamen Raphael und Serafina um das Haus herum und kehrten zurück zu ihrer Retterin. Ella grinste sie erleichtert an. Überschwänglich umarmten und bedankten sich die zwei Schutzengel bei ihr.

„Nicht der Rede wert", murmelte das Eichhörnchen Ella verlegen und wandte sich um. Hinter sich vernahm sie ein leises „Leb wohl", dann unerwartet helles Licht. Als sie sich umdrehte, war sie allein.

„Und als Dank hast du einen ganzen Haufen goldener Nüsse vor deinem Kobel gefunden", fügt Nelli lächelnd hinzu.

Angelina, 15 Jahre, aus Niederstetten, Deutschland.

Nacht des Grauens

Ich rannte, meine Lunge brannte und meine Knie begannen zu schmerzen. Ich stolperte und fiel, doch nicht auf den Boden, sondern vors Maul eines riesigen Werwolfs mit spitzen Zähnen, die nur darauf warteten, mich zu zerreißen. Ich schrie.

Erschrocken fuhr ich hoch und sah mich um. Ich war in meinem Zimmer. Meine Mom saß neben meinem Bett und sah mich besorgt an. Ich begriff, dass ich nur geträumt hatte.

Meine Mom nahm mich in den Arm, bis ich mich beruhigt hatte. Dann meinte sie: „Versuche noch etwas zu schlafen", und ging aus dem Zimmer. Aber ich konnte nicht schlafen. Ich sah aus dem Fenster auf den Hafen, still schaukelten die Boote auf dem Wasser. Aber etwas irritierte mich, den zwischen den kleinen Booten ragte eine große Fregatte im Wasser.

Auf einmal bekam ich den starken Drang, die Fregatte zu berühren. Wie in Trance stand ich auf, zog mich an und schlüpfte aus dem Haus. Langsam ging ich durch die stillen Straßen, mir lief es eiskalt den Rücken hinunter, als eine Eule schrie.

Als ich am Steg angelangt war, blieb ich vor Verwunderung stehen, denn von hier unten sah die Fregatte noch eindrucksvoller aus: Sie hatte einen Masten, der sich stolz in den Himmel erhob. Das Holz, mit dem sie gebaut worden war, sah vermodert aus, schien aber noch gut intakt zu sein. Aber am meisten faszinierte mich der Bug des Schiffs: ein Löwenkopf.

Voller Ehrfurcht ging ich den Steg entlang, bis ich den Bug des Schiffs berühren konnte. Vorsichtig strich ich über den Löwenkopf. Plötzlich hörte ich Schritte. Panisch schaute ich mich nach einer Versteckmöglichkeit um. Als Erstes fiel mir der Löwenkopf ein, der ein halb geöffnetes Maul hatte. Flink kletterte ich hinein und wartete. Auf einmal wollte ich nur nach Hause. Vorsichtig lugte ich aus dem Maul, zuckte aber sofort zurück – dort stand nicht, wie erwartet, der Bootswärter, sondern ein Werwolf. Ich kniff mir in den Arm – das konnte doch nicht sein. Ich lugte abermals aus dem Maul, doch dort war niemand mehr.

Ich wollte gerade wegrennen, da tippte mir jemand auf die Schulter. Wie in Zeitlupe drehte ich mich um und sah in das Gesicht eines .... Engels?

Verunsichert starrte er mich an, dann begann er zu sprechen. „Bitte hilf mir, Layla!", quietschte er.

„Wer bist du?", fragte ich verwirrt.

„Ich bin Tim".

„Und wie kann ich dir helfen?", fragte ich.

„Du kannst mir helfen, indem du mir hilfst, den Schicksalskristall zu bergen und so die Erde zu retten", meinte Tim.

Ich wollte eigentlich nur nach Hause, denn das alles war zu viel für mich. „Okay", meinte ich trotzdem, denn so wie Tim mich ansah, schien der Kristall wichtig zu sein.

„Komm mit", sagte Tim.

Leise gingen wir in das Löwenmaul hinein, das ein Gang zu sein schien. Plötzlich ertönte Musik. „Wir sind da", erwiderte Tim. Schnell versteckten wir uns hinter einer Kiste. Denn vor uns tat sich ein Raum auf, in dem ein Feuer brannte und um das lauter Bengel standen, die klatschten.

Auf einer Erhöhung stand ein Werwolf und neben ihm lag ein Kristall. Aber etwas kam mir faul vor, denn das alles ging viel zu schnell und ich wurde misstrauisch. „Tim, wozu brauchst du den Kristall und wieso scheinen die uns zu erwarten", fragte ich.

Doch er antwortete nicht. Da begann der Werwolf zu sprechen: „Freunde, heute ist der Tag gekommen, an dem wir die Welt erobern werden. Zu lange segelten wir über die Meere und nun werden wir mithilfe von Layla die Welt erobern. Ach so und ..., Layla, du brauchst dich nicht zu verstecken, ich weiß, dass du da bist. Und dir, Tim, vielen Dank, dass du sie hergebracht hast."

Mir wurde heiß und kalt zugleich Tim war ein Handlager des Werwolfs und ich war darauf hereingefallen. Langsam kam ich aus meinem Versteck. Dann ging alles ganz schnell. Jemand hielt mir Mund und Augen zu und zerrte mich nach vorne. Dann wurde mir die Hand von den Augen genommen und ich blickte in die Augen des Werwolfs.

„Layla", zischte er.

„Was willst du von mir und warum muss ich dir helfen?", fragte ich ängstlich.

„Ich will, dass du das Schicksal der Erde änderst mit dem Kristall. Du musst mir helfen, weil du eine blühende Fantasie hast und sich der Schicksalskristall nur mit Fantasie bedienen lässt. Also gehe zu ihm, schließe die Augen und stelle dir vor, dass ich die Welt beherrsche. Ach so, und wenn du dich weigerst, wirst du getötet." Er grinste fies. Zum ersten Mal, seit ich auf diesem Schiff war, dachte ich an meine Mom und daran, dass sie mich verlieren könnte. Also tat ich es. Ich ging zum Kristall und schloss die Augen. Plötzlich wurde ich wütend, meine Nackenhaare stellten sich auf und ich ballte die Fäuste. Ich dachte: „So darf das nicht enden!" Dann stellte ich mir vor, dass nicht der Werwolf die Erde erobern würde, sondern dass er, die Bengel und Tim die Erde nie mehr betreten könnten, der Schicksalskristall sich selbst zerstören würde und ich daheim wäre. Augenblicklich begann die Luft zu glimmen. Es gab eine Explosion ... und dann lag ich in meinem Bett. Sofort rannte ich ans Fenster, doch die Fregatte war verschwunden. Beruhigt legte ich mich ins Bett und dachte daran, was passiert war. Daraufhin schlief ich ein.

Mona, 11 Jahre, aus Mühlacker, Deutschland.

Frostig, fröhliches Engelsfangen

Zarte, ästhetische Schneeflocken fallen langsam vom Himmel und überziehen die Winterlandschaft mit einer hauchdünnen, weißen Schicht. Die Zeit scheint für einen Moment stehen zu bleiben, als würde die Schneedecke unser Dorf vor ihr verstecken, bis die kalte Schönheit taut und plötzlich alles zum Leben erwacht.
Ruhe und Liebe beherrschen die Herzen der Menschen. Magie liegt in der Luft, umgibt uns, umhüllt uns, wie eine liebevolle Umarmung, die uns Geborgenheit schenkt. Es wäre so schön, wenn es nicht diesen frechen Engel gäbe. Den Burschen mit wirren Locken, so golden wie der Sonnenaufgang, mit majestätischen Schwingen, in einem kirschblütenweißen Hemd.
Doch der Schein trügt.

Bekanntschaft machte ich gestern mit ihm. Ich schlenderte gut gelaunt über den Weihnachtsmarkt. Die Gerüche der Essbuden stiegen mir in die Nase, gebrannte Mandeln, Zuckerwatte, Crêpes, und wenn mich nicht alles täuschte, lag der Duft von Frieden in der Luft. Diese Düfte schienen wie ein Teppich miteinander verwebt die Leute aus ihren Behausungen zu ziehen. Ich stolperte ein paar Meter weiter über einen Handwerkerstand. So viele wunderbar bunte und filigrane, gestrickte, gehäkelte und gewerkelte Kunstwerke waren hier zu finden.
Mir fiel sofort der wunderschöne Adventskranz ins Auge, das Herzstück dieses Standes. Ich bezahlte ihn und machte mich auf den Weg, der durch den Wald führte. Manchmal, wenn der Wind durch die Äste fegt und geheimnisvolle Worte wispert, bilde ich mir ein, durch einen verwunschenen Märchenwald zu wandern. Der Kranz, den ich gerade eben gekauft hatte, war für Frau Petersen, meine Nachbarin, bestimmt.
Vor einigen Jahren starb ihr Mann, ein furchtbar guter Mensch. Meine Mutter meinte, sie fange sich schon wieder. Sie sagte genau

das, was alle Erwachsenen sagten, *es wird schon wieder*, weil es einfach war, das Thema damit abzuschließen.

Doch wie soll sich jemand fangen, der in eine verschluckende Tiefe der Trauer gefallen ist und niemanden hat, der einem daraus hilft? Ich hoffte, der Kranz würde ihr zeigen, dass es noch Menschen gab, die an sie dachten, um ihr damit etwas aus der bedrängenden Enge der Einsamkeit zu helfen.

Ich hatte den Wald hinter mir gelassen und kam an einem See vorbei. Nachmittags spielte ich gerne mit meinen Freunden auf dem Eis. Aua, und schon lag ich auf der Nase. Das Eis hatte sich tief in meine Handfläche gegraben und schmerzhafte Schnitte hinterlassen. Als ich mich umsah, worüber ich gestolpert war, blieb mein Blick an einem hauchdünnen Drahtseil hängen, welches kurz über den Boden gespannt worden war.

Fluchend rappelte ich mich auf und suchte meine Sachen zusammen. Wo war mein Adventskranz geblieben? In dem Moment sah ich den Engel. Schelmisch lachend stieß er gegen den Kranz. Dieser schlitterte übers Eis. In Windeseile raste ich los, doch es war zu spät. Er fiel mit einem lauten Platscher in eines der Löcher, das für das Eisangeln gebohrt worden war. Verfluchter Engel, verfluchtes Eisangeln, ach verfluchte Welt. Frau Petersen würde nie ihren Adventskranz bekommen, doch eines wurde mir in dieser Sekunde klar: So konnte es nicht weitergehen! Wütend stapfte ich nach Hause und entwickelte einen Plan. Dieser ist nun fertig und lautet wie folgt:

Engelsfangen:

1. Man benötigt einen großen Karton, einen Ast, ein langes Seil und Zimtsterne
2. Die Falle wird aufgebaut:
   - der Karton wird mit der Öffnung nach unten abgelegt
   - dieser wird um ca. 45 Grad angehoben
   - der Ast wird als Stütze senkrecht unter den Karton geschoben
   - ein Seil wird an dem Ast befestigt
3. Der Köder wird platziert (Zimtsterne)
4. Ein Käufer des Engels wird gesucht

Schnell suche ich alles zusammen und bringe es in den Garten. Mit klappernden Zähnen schaue ich mich um. Die Luft ist rein, von dem Engel keine Spur. Es wäre jammerschade, wenn ich mir einen abfrieren würde und der Engel meine List schon durchschaut. Ich baue also die Falle auf. Zu guter Letzt lege ich den Teller mit den Zimtsternen unter den Karton. Ich schnappe mir das Seil und laufe in den Gartenschuppen. Vom Fenster aus beobachte ich die Falle. Wie jeder weiß, sind Zimtsterne das Leibgericht einen jeden Engels. Wenn das Biest die Köstlichkeiten in sich hineinschlingt, werde ich in dem Moment am Seil ziehen. Der Ast wird weggezogene und der Karton fällt. Und *Zack* hätte ich die Katze im Sack.

Flocken tanzen friedlich vor meinem Fenster und ein kalter Wind weht durch den Türspalt. Langsam geht die blutrote Sonne unter. Da, eine weiße Gestalt mit zwei Flügeln macht sich an den Zimtsternen zu schaffen. Du kleiner Kobold, jetzt habe ich dich. Blitzschnell ziehe ich an der Schnur.

Freudig pfeifend stapfe ich durch den Schnee.

Was war das?

Protestierendes Schnattern dringt aus dem Karton. Als ich ihn anhebe, blickt mir eine fette Gans entgegen. Enttäuschung macht sich in mir breit, doch auf den zweiten Blick sehe ich ein rotes Kärtchen an dem Hals des Tiers. In verspielten, goldenen Lettern steht dort geschrieben:

So einfach fängt man keinen Engel!

Neele, aus Hamburg, Deutschland.

Wo gehört der (B)engel hin?

Euch ist sicher schon mal ein Bengel über den Weg gelaufen. So ein richtig frecher, vorlauter ... Bengel eben.

Der Bengel, um den es hier geht, heißt Max. Er ist einer der schlimmsten, ihr könnt euch nicht denken, wie oft er schon ermahnt wurde. Das gefällt den Engeln – sie fliegen hoch oben im Himmel und schauen auf alle herunter – überhaupt nicht.

„Wir müssen etwas tun!", klagt eine alte Engelsdame.

„Das geht so nicht weiter!", stimmt ihr Engelsmann zu.

„Aber was sollen wir tun?", jammert Frau Wolke.

„Eine Möglichkeit gäbe es." Alle Engel blicken voller Respekt zum weisesten Engel auf der höchsten Wolke. Dieser fährt fort: „Außer mir weiß das niemand ... und es ist SEHR riskant. Wir können diesen Max von der Erde holen und ihn zur Rede stellen."

„Ja!", „Bin dabei!", „Gute Idee!", „Danke!", so schallte es ihm von allen Seiten entgegen.

„Eine Bedingung gibt es aber."

Stille.

„Einer von uns muss hinunter in die Menschenwelt. Gibt es Freiwillige?"

Ein winziger Engel fliegt, ja, zischt schnell wie eine Rakete zwischen den anderen Engeln hervor. „ICH! ICH! ICH! ICH! ICH! ICH! ICH! ICH! Bitte, nimm mich! ICH!"

Der alte Engel lacht. „Wir haben verstanden, Mira. Also: Übermorgen holen wir Max – und Mira verlässt uns, getarnt als Mensch. Merkt euch das!"

„Jawohl!", tönt es von allen Seiten.

Zur selben Zeit schleicht sich Max in das Zimmer seiner großen Schwester. Er schlägt ihre Bettdecke zurück und legt ihr ein rohes Ei hinein.

Ein paar Stunden später.

„Ähhhhhhhhhh! Igitt!", hört Max noch, dann schläft er zufrieden ein.

Am nächsten Tag weckt ihn seine Mutter mit den Worten: „Max, wir alle wissen, dass du das warst. Entschuldige dich bei Alice! Sonst bekommst du Vollkornbrot mit Schnittlauch statt Weißbrot mit Nutella als Pausenbrot!"

„Bäh!" Max schüttelt sich. Vollkornbrot mit Schnittlauch hasst er.

Auch in der Schule kaspert Max wie immer mit Lukas, seinem besten Freund, herum. Seiner Meinung nach sind es mal wieder viel zu viele Hausaufgaben – doch auch die muss er machen.

Der Abend rückt näher. Es soll einer der seltenen, streichlosen Tagen sein. Doch während Max schläft, träumt er, und das nicht wie sonst:

Eine Wolke schwebt ins Zimmer. Ein Engelsmädchen, auf deren Gewand *Mira* steht. Mira steigt von der Wolke und legt sich in sein Bett! Unerhört! Max aber wird von der Wolke angezogen. Wie ferngesteuert läuft er auf sie zu. *Wuschhhhhhhhh!* Die Wolke saust in den Himmel. „Neiiiiiiiiiiiiiiiiiiiiiiiin!", schreit Max. Da wacht er auf – und ist IMMMER NOCH im Himmel!!!!!!

„Aufstehen, Max!"

Mira blinzelt. „Hä? Wer ist Max?", fragt sie sich. „Ach so! Ich bin ja in der Menschenwelt!", fällt ihr wieder ein.

„Wo bin ich? Wer seid ihr? Was wollt ihr? Wie komme ich hierher? Wieso bin ich hier?", fragt Max panisch.

„Nun", sagt Frau Wolke in Lehrerinnen-Ton, „das sind viele Fragen auf einmal." Sie geht einen Schritt auf ihn zu. Streng schaut sie von oben auf ihn herab. Max zittert und vergräbt sein Gesicht in den schmutzigen Händen. „Erste Antwort: Du bist im himmlischen Engelsreich", sagt die Engelsdame. „Zweite Antwort: Wir sind Engel."

Ihr Mann ergänzt: „Du hast doch gemerkt, wie du gekommen bist, das war die Wolke."

„Ach so? Das war kein Traum?", fragt Max erstaunt.

Doch da spricht der Weise: „Max, du bist hier, um deine bösen Taten wieder gutzumachen und um ein braver Junge zu werden."

Erschrocken bringt Max ein schwaches „Ja, Meister" hervor.

Mira jedoch ist mehr als zufrieden. Es macht ihr Spaß, mal jemand anderes zu sein, vor allem, wenn man dabei frech sein kann! Und auch wenn es am Anfang seltsam ist, macht es Riesenspaß!

Max aber gefällt es gar nicht.

Der Weise liest die letzte Brav-sein-Regel vor: „Achte darauf, dass du nicht alleine auf diesem Planeten bist. Max, du wirst nun in deine Welt zurückkehren." Dann klingelt er mit einer Glocke – und Max sitzt urplötzlich über den Hausaufgaben.

Da kommt seine Mutter herein. Sie fragt: „Bist du schon fertig?"

Normalerweise hätte Max gerufen: „Natürlich, ich bin ja nicht doof!" Aber dies Mal heißt es: „Ja, Mama." In artigem Ton.

„Alles in Ordnung, Max?", fragt Mama besorgt.

Wieder ein artiges: „Ja, Mama."

„Na gut. Wie du meinst."

Im Himmel ruft Mira: „Bin wieder da, alter Opa!"

„Oh nein!", stöhnt der Weise. „Sie hat etwas vom frechen Menschenleben beibehalten!"

Tja, der Bengel ist lieb und der Engel ist frech ... Und das wird jetzt für immer so bleiben. Seitdem gibt es jedes Jahr einen Engel-Bengel-Austausch – und im Himmel und auf der Erde geht es drunter und drüber.

Nora, 10 Jahre.

Der brave Engel und der freche Bengel

Im Jahr 1960 wohnten zwei Jungen in Bayern. Sie hießen beide Emil. Doch obwohl sie beide den gleichen Namen trugen, waren sie SEHR unterschiedlich.

Der eine Emil war blond, acht Jahre alt und SEHR brav. Morgens stand er sehr früh auf. Er aß artig sein Frühstück, wusch sich, kämmte sich die Haare und ging früher zur Schule, obwohl er noch ganz viel Zeit hatte. Außerdem half er im Haushalt und betete zu Gott, bevor er schlafen ging. Er prügelte sich nicht und er fluchte nicht. All das tat er nicht, doch nicht, weil man es ihm verboten hatte, nein, er fand einfach keinen Grund dazu. Andere Kinder schlagen? Wozu? Sie waren doch alle nett zu ihm. Und weil er so brav war, nannten ihn alle den *braven Engel*.

Der andere Emil war das volle Gegenteil. Morgens gab es ein großes Theater, weil er nicht aufstehen wollte. Wenn man ihm eine Stulle zum Frühstück gab, warf er sie in den Müll und fluchte. Er war neun Jahre alt, kämmte sich seine schwarzen Locken nie und schwänzte oft die Schule. Wenn er abends zu spät nach Hause kam, wurde er zur Strafe ohne Abendbrot in den Schuppen gesperrt. Das war der Grund, warum er so abgemagert wirkte. Er half nie im Haushalt und raufte sich oft. Er stank fürchterlich und trug abgelegte Kleidung. Sein Hemd war zerfetzt, seine Lederhose war ihm viel zu weit und wurde von zwei dünnen Hosenträgern gehalten. Er lief barfuß und trug einen halb verstaubten Hut von seinem Vater, der nach seiner Geburt gestorben war. Manche Leute hassten ihn so sehr, dass sie sagten, er sei der Teufel in Menschengestalt.

Der brave Emil kannte ihn nicht, weil man ihm verboten hatte, mit ihm zu spielen.

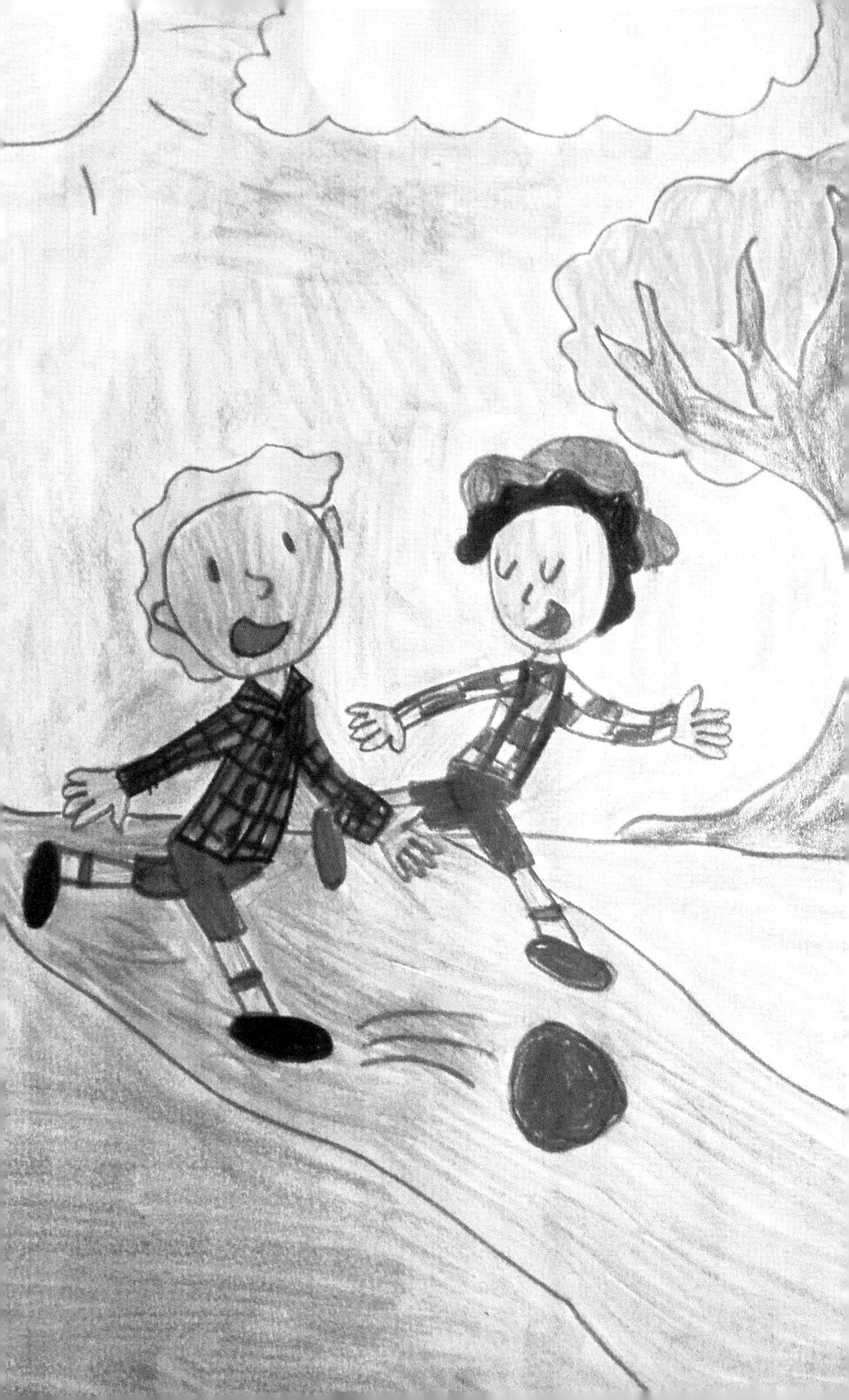

Es klingt komisch, aber der brave Emil wollte dem frechen Emil helfen. Er wollte einen besseren Menschen aus ihn machen. Wie es zu diesem Wunsch kam? Also das war so:

Der brave Emil kam gerade von der Schule nach Hause, da hörte er jemanden schreien. Er folgte der Stimme und sah, wie der freche Emil von seiner Mutter verprügelt und in einen Schuppen gesperrt wurde.

„Warum tun Sie das?", fragte der brave Emil.

Die Mutter sah ihn erst erschrocken, dann böse an und sagte: „Ach, das war Emil, der freche Bengel, er hat die Eier vom Nachbarn geklaut und bekommt heute kein Abendbrot."

„Aber er wird verhungern, wenn er nichts bekommt!", rief Emil.

„Ach was, der kommt schon klar!", sagte sie und ging.

Darüber war der brave Emil sehr traurig. Er schaute durchs Schuppenfenster und sah den frechen Emil weinen. Er sah ihn zum ersten Mal und war bestürzt über das Verhalten der Mutter.

Am Abend, als er beten wollte, musste er an den frechen Emil denken. „Der arme Kerl, ich wünschte, ich könnte ihm helfen." Und schon kam ihm eine Idee. Als seine Eltern schliefen, schlich er sich mit einem Sack voll mit Essen zum Schuppen, in dem der freche Emil noch immer weinte.

Er machte das Fenster auf und flüsterte: „Hey Emil, das ist für dich", und ließ den Sack durch das Fenster fallen. Ein leises „Danke" ertönte, dann hörte man den frechen Emil schmatzen. Am liebsten wäre der brave Emil in den Schuppen gegangen, doch dafür hatte er keine Zeit. Er ging nach Hause und schief zufrieden ein.

Von da an brachte er dem frechen Emil regelmäßig Essen. Eines Abends ging er in den Schuppen hinein, damit der freche Emil sah, wer Mitleid mit ihm hatte.

„Du bist das", rief erstaunt der freche Emil, er hatte einen Freund gefunden und sie unterhielten sich.

„Warum spielst du den Leuten Streiche?"

„Ich spiele ihnen keine Streiche, ich lasse nur meine Wut an ihnen raus."

„Warum bist du denn wütend?"

Da sah der freche Emil den braven Emil traurig an.

„Ach weißt du ... äh ... ich ... mein Vater, ich lernte ihn nie kennen. Nach seinem Tod war meine Mutter sehr unglücklich und man konnte sie sehr schnell stressen. Sie behandelt mich schlecht und gibt mir die Schuld für ihr Unglück."

„Aber dafür kannst du doch nichts."

„Das sieht sie eben nicht ein." Emil fängt an zu weinen. „Eins sag ich dir, ich hau ab!"

„Das brauchst du nicht, ich helfe dir!", rief der brave Emil. Dabei war er leider etwas zu laut, denn die Mutter vom frechen Emil kam in den Schuppen und rief: „Dem kannst du nicht mehr helfen, Emil und ich werden wegziehen!" Wütend jagte sie den braven Emil fort.

Emil rannte zu seinen Eltern und erzählte ihnen alles. Gemeinsam gingen sie zur Polizei und zeigten diese Frau an. Die Beamten reagierten schnell und befreiten den Jungen. Seine Mutter wurde für ihr Verhalten zur Rechenschaft gezogen.

Der Emil, der nun nicht mehr frech war, lebte bei seinem besten Freund, dem braven Emil. Ihre Geschichte verbreitete sich schnell im Land und man nannte sie die *Gebrüder Emil*.

Als sie erwachsen waren, wurden sie Schriftsteller und veröffentlichten viele Bücher.

Paula, 12 Jahre, aus Gardelegen, Deutschland.

Der Engel des Friedens

„Die Welt macht keinen Sinn." Das war der Gedanke, der Iona immer wieder durch den Kopf ging. „Wozu das alles? All diese Kriege? Ob ich heute oder wann anders sterbe, was macht das für einen Unterschied?"

Iona stand auf, putzte sich die Zähne und zog sich um. Dann aß sie was und ging wie üblich zur Schule. Auf dem Weg jedoch sah sie etwas, das sie schockierte. Vor ihren Augen schlug ein Mann einen anderen. Doch die Menschen schienen blind gegenüber diesem Verbrechen. Sie ignorierten es einfach.

„Ich bin auch ein Mensch, wieso gehe ich nicht weiter?", fragte sich Iona, doch dann wurde ihr bewusst, was sie schon so lange in ihren Innersten gewusst hatte „Das ist meine Bestimmung, ich werde ein Beispiel sein, wie sich die Menschen verhalten sollten." Sie ging auf den Mann zu. „Lass ihn in Ruhe!", rief Iona. Ihr war bewusst, in welche Gefahr sie sich brachte.

„Irgendwer kann ihm helfen, das denken sie alle! Irgendwer wird kommen und diesem Mann helfen, doch ich bin mehr als derjenige, der diesen Mann hilft. Ich werde diejenige sein, die Menschen dazu bringt, nicht mehr *Irgendwer* zu denken, sondern selbst zu handeln!"

Der Mann lief auf sie zu, dann wurde alles schwarz.

Robin saß auf der Couch und schaute Fernsehen. Schon länger fragte er sich, ob bald der Tag kommen würde, an dem die Menschen die Augen öffnen würden. Er schaltete die Nachrichten ein.

„Wir beginnen unsere Sendung mit einem tragischen Unglück. Ein 13-jähriges Mädchen opferte sich für einen Mann, den sie nicht einmal kannte. Ich schalte zu meiner Kollegin, die sich gerade mit ihm unterhält."

Ein braunhaariger Mann tauchte auf den Bildschirm auf. „Sie war wie ein Engel, diese schwarzhaarige Mädchen. Andere Menschen haben nur zugesehen und Videos gemacht, aber sie hat mir geholfen. Ich verdanke ihr mein Leben."

„Wie wir gerade herausgefunden haben, ist ihr Name Iona und der Präsident hat ihr soeben den Titel *Engel des Friedens* gegeben. Sie hat uns gezeigt, dass wir nicht nur rumstehen dürfen, wir müssen uns für andere einsetzten. Wir verdanken ihr so viel und wir hoffen, dass sie ihren Frieden gefunden hat."

Robin schaltete den Fernseher aus. „Jeder hat eine Bestimmung", murmelte er. „Und das war ihre ..."

Vanessa, 11 Jahre, aus Wendehausen, Deutschland.

WÖLKCHEN

Das kleine Engelsmädchen Wölkchen ist sehr frech. Wölkchen verhält sich wie ein Bengel. Immer wieder treibt sie Schabernack. Im Himmel ärgert Wölkchen alle Engel und durch das Ärgern ist sie das berühmteste Engelsmädchen im ganzen Himmel geworden. Sogar Wölkchens Mutter Pinkie wird manchmal zum Ärger-Opfer!
Auch heute hat Wölkchen etwas Dummes vor: Der Engelskönig sitzt auf seinem Glitzerthron. Neben dem Glitzerthron des Königs steht auch der Funkelthron der Königin. Wölkchen liebt es, dem Königspaar Streiche zu spielen, denn das ist mit allen Engeln zufrieden und geduldig.
Wölkchen sieht neben den Königsstühlen eine Obstschale. Wölkchen weiß schon, was sie vorhat: Sie fliegt zur Schale hin und schnappt sich blitzschnell einen Apfel. Und zwei Äpfel! Und drei! König und Königin Engel merken nichts. Sie sind in ihr Gespräch vertieft.
Plötzlich spürt der Engelskönig einen harten Gegenstand am Kopf. Er kann nur noch „Was hältst du davon, wenn wir morgen ein F..." sagen. Dabei wollte er ja eigentlich „Was hältst du davon, wenn wir morgen ein Fest mit den anderen Engeln feiern?" sagen.
Die Königin wollte antworten, aber da hat Wölkchen schon den zweiten Apfel auf den Kopf der Königin gepfeffert. Der dritte Apfel trifft nicht genau das Paar, sondern landet unsanft auf dem Steinboden. Dort zerbricht er in der Mitte.
„Ist das eine Frucht?", fragt die Königin. „Von unserem Gemüsestand?" König und Königin Engel sehen sich um und überlegen, wer die Früchte auf sie geworfen hat.
„Das war bestimmt Wölkchen, der Engel-Bengel!", ruft die Königin. Aber niemand ist hier.
Der König sagt: „Morgen feiern wir das Engelsfest."

Am nächsten Tag helfen alle Engel zusammen, um das Fest der Engel vorzubereiten. Jeder hat eine andere Aufgabe: Wölkchens Mama

Pinkie hat den Auftrag, fürs Fest Karottensalat und Folienkartoffeln mitzubringen. Aber das wird nicht einfach, denn Wölkchen hat ja immer Unsinn im Kopf. Die träumt schon vom nächsten Streich.

Wölkchen wird vom Geruch in der Küche geweckt. „Mh! Lecker!", sagt sie. Aber Mama Pinkie muss noch einmal in den Laden fliegen, weil sie Essig für den Salat vergessen hat. Wölkchen denkt: „Schon um 6 Uhr ein Streich! Bis Mami wieder da ist, bin ich mit dem Streich fertig." Wölkchen fliegt nach unten in die Küche und schaut sich um. Sie sieht Zucker. Da hat sie eine Idee! Wölkchen fliegt zum Zucker, und holt ihn. Sie leert die ganze Packung Zucker in die Salatschüssel. Nun denkt Wölkchen: „An den Folienkartoffeln muss ich auch noch was ändern ... hihihi!" Sie schaut überall nach und entdeckt Mehl. Sie nimmt die Packung und streut das Mehl auf die Folienkartoffeln.

In dem Moment öffnet sich die Türe und Pinkie kommt zurück. Wölkchen fliegt schnell ins Bett und tut so, als würde sie schlafen.

Später bringt Pinkie die Leckereien zum Fest. Wölkchen hilft ihr und lacht! Der König, die Königin und die beiden Prinzessinnen probieren zuerst.

„Pfui!" Der König schreit. „Pinkie! Du hast die Folienkartoffeln mit Mehl bestreut und den Karottensalat gezuckert!"

„Entschuldigen Sie mal, ich bin zum Einkaufen gegangen! Ich war das nicht!", sagt Pinkie.
„Ich glaube dir, Pinkie! Du machst so etwas nicht. Wölkchen macht solche Sachen", sagt die Königin.
Wölkchen sitzt hinter einem Baum und kichert. Sie freut sich, dass ihr Plan funktioniert hat. „Was für ein tolles Fest!"

Selina, 7 Jahre, aus Pullenreuth, Deutschland.

Teuflische Freundschaft

Endlich! Heute war der Tag, von dem jedes Engelskind träumte. Freitag vor den Sommerferien.

Als ich überglücklich in der Grundschule in Engeldorf ankam, sah ich schon alle anderen Engel bzw. meine Freunde. Fiffi, Franzi und Leah. Wir begrüßten uns und gingen gemeinsam in die Klasse. Unsere Lehrerin Frau Engelmayer sagte: „Grüß Gott." Und wir begannen mit Mathematik. Nach 1 Stunde und 30 Minuten hatten wir 45 Minuten lang Deutsch, danach eine Engelsstunde HSU, ebenfalls 45 Minuten, und darauf zwei Engelsstunden Kunst. Dann endlich durften wir in die wohlverdienten Sommerferien.

Eine Woche später ...

Es war Freitagnachmittag in der ersten Ferienwoche und ich konnte so viel draußen spielen, wie ich nur wollte. Aber ich wollte nicht spielen, sondern zu meinem Großvater, einem sehr weisen Engel, der mir immer, wenn ich kam, Geschichten von früher erzählte. Also flog ich, so schnell mich meine Flügelchen trugen, zu meinem Großvater.

Als ich bei ihm war, entdeckte ich ihn auf seiner Terrasse Tee trinkend. Ich rief ihm „Hallo Opa" zu, und er erschrak so sehr, dass mindestens die Hälfte seines Tees auf ihn schwappte. Er meinte ebenfalls: „Hallo."

Wenige Minuten später saß ich neben Opa auf der Terrasse und er fragte mich: „Willst du, dass ich dir wieder aus früheren Zeiten erzähle?"

Ich nickte und schon begann er: „Früher, als ich noch so ein kleiner Engel wie du war, lief ich einmal mit meinen Freunden bis ans Ende unserer Welt. Dort entdeckten wir eine rote Welt. Wir versuchten, durch die Erdatmosphäre der Engelswelt hindurchzufliegen, aber vergeblich. Als unsere Eltern uns dort schließlich fanden, erschraken sie, denn jedes Engelskind wusste, man durfte nicht zu nahe an den

Abgrund der Engelswelt. Wir mussten sofort nach Hause und hatten Hausarrest."

Mir gelang es, Opa zu fragen, wo das Ende unserer Welt sei. Mamas Vater meinte sehr zufrieden, so als hätte er gewollt, dass ich ihm diese Frage stelle: „Dort, wo die Engelallee ihre Kurve nimmt, fliegst du geradeaus, dann siehst du auch schon den Abgrund, was bedeutet, dass du da bist."

„Danke", sprach ich und schon war ich weg.

Ich berichtete diese Nachricht meinen Freunden und diese staunten vor Glück. Fiffi quasselte schon los: „Ja, endlich passiert etwas in den Sommerferien. Es war ja in den letzten Jahren nichts los. Wann gehen wir los, um zu der anderen Welt zu gelangen?"

Ich meinte: „Fiffi, wir sollten alles erst einmal langsam angehen, deshalb sollten wir erst einmal schauen, wo man genau die andere Welt besichtigen kann."

Franzi und Leah nickten. „Aber wir können ja noch heute nachschauen", tröstete Leah sie.

Kurze Zeit später flogen wir alle los zur Engelallee. Wir kamen an und sahen die andere Welt im vollen Lauf. Ich berichtete, dass jeder einmal versuchen könne, die Erdatmosphäre von Engelland zu überwinden. Natürlich probierte es jeder, doch Opa hatte recht gehabt. Die Atmosphäre war unüberwindbar.

Fiffi kam auf die Idee, eine Art Rakete zu bauen, worüber alle einverstanden waren. Ich holte Werkzeug und Material aus Papas Werkstatt und wir begannen zu bauen. Drei Stunden später standen wir zufrieden vor einem Fluggerät. Es hatte zwei große Flügel rechts und links, ein Lenkrad, drei kleine Räder, einen Motor, eine kleine Tür und eine große Schale. Ich wagte zu fragen, wer den Testflug machen würde.

Zu meinem Erstaunen meldete sich Leah freiwillig. Sie startete den Motor und flog los. Einmal um die Allee und dann landete sie auf den drei Rädern. „Alles super", meinte sie.

Als das Flugmodell wieder startklar war, stiegen wir alle ein. Es ging sofort los. Komisch war es, nicht selbst zu fliegen, und mir wurde leicht schlecht. Franzi, welche das Modell lenkte, saß ganz entspannt hinter dem Lenker, was ich nicht gekonnt hätte. Wir drehten noch ein paar Runden über der Allee, doch dann flogen wir Richtung Atmosphäre. Es holperte ein wenig, als wir endlich durch die durchsichtige Mauer flogen. Aber das machte niemandem etwas aus.

Schon nach kurzer Zeit war uns die rote Welt ziemlich nahe. Ich sah komische Gestalten und es schien, als würden sie auf uns warten. Ein wenig holperte es schließlich wieder, als wir durch die Atmosphäre der roten Welt flogen. Komisch, dort war auch eine Allee, die ihre Kurve nahm. Wie vorhin flogen wir ein paar Runden über die Allee und landeten dann schließlich. Alles an dieser Welt war anders, bis auf die Allee. Die komischen und andere Gestalten nahmen sich rote Stöcke und es sah so aus, als wollten sie uns angreifen.

Anscheinend kannte Fiffi diese Geste aus Büchern und hob ihre Hand, sodass die Wesen anhielten. Sie sahen irgendwie freundlich aus mit ihren zwei roten Hörnern und dem roten Schwanz.

Fiffi sprach ganz ruhig und mutig: „Wer seid ihr und was wollt ihr?"

Eines der vier Wesen antwortete: „Hallo, ich bin Michelle und das sind meine Freunde Maya, Lilly und Jana. Wir sind Bengel, aber unser Volk nennt uns Teufel. Aus der Zentrale haben wir mitbekommen, dass Eindringlinge im Weltraum sind. Und wer seid ihr?"

Fiffe antwortete: „Ich bin Fiffi und dies sind meine Freunde Leah, Franzi und Shirin. Wir sind Engel."

„Ok, wenn ihr euch mit uns anfreunden wollt, dann könnt ihr gleich wieder gehen", meinte Maya nur.

„Nein, wir werden nicht gehen, nur weil es dir recht ist. Darf man sich denn nicht mit einem anderen Volk anfreunden?" Franzi war empört.

Doch Maya entfuhr: „So haben wir die ersten Teufel kennengelernt, aber ich glaube, unsere und deren Eltern werden davon nicht begeistert sein."

Und so war es auch. Als wir wieder in Engelland waren, gingen wir alle sofort nach Hause. Dort fragte mich Mama, was wir denn gemacht hätten. Darauf antwortete ich: „Ach, wir haben nur jemanden besucht!"

„Ah, wen habt ihr denn getroffen?", fragte Mama.

„Opa."

Mama nickte nur erstaunt und legte ihre Wäsche weiter zusammen. Aber vor Papa kam ich nicht so schnell davon. „Shirin, ich weiß, dass du vor uns etwas verheimlichst. Also, wen habt ihr jetzt wirklich besucht? Du kannst uns alles sagen!"

„Wir, wir, waren, äh bei, wir waren bei Tante Margot." Tante Margot ist nämlich meine Lieblingstante. Sie hilft mir manchmal so ziemlich aus der Patsche, wenn Papa mir mal wieder Hausarrest gegeben hätte.

„Soso, ihr wart also bei Tante Margot", erwiderte Papa mit hochgezogenen Augenbrauen. „Was für Spiele habt ihr denn gespielt?"

„Wir haben *Mensch-ärgere-dich-nicht* gespielt ..."

In dieser Nacht konnte ich nicht gut schlafen. Ich träumte von mir und Papa, davon, dass ich Papa immer anlog und davon, dass er eines Tages alles herausfände.

Am Morgen lief alles wie immer. Aufstehen, anziehen, frühstücken, Zähne putzen ... und dann kam Franzi. Als sie da war, gingen wir hoch in mein Zimmer. Oben angekommen, fragte meine Freundin mich sofort. „Und, was machen wir jetzt? Fliegen wir heute noch einmal zu Michelle und den anderen rüber?"

Ich meinte nur knapp: „Ja, das ist eine gute Idee!"

Nach dem Mittagessen erwarteten wir schon die anderen. In der Nacht hatte Fiffi das selbst gebaute Flugmodell im Schuppen ihres Opas versteckt. Heute hatte sie es wieder dabei. Komisch, auf einmal hörte ich seltsame Geräusche.

Als wir zu der Allee flogen, erkannten wir die vier Teufel. Sie bestaunten unser Reich. Doch plötzlich erkannte ich die Stimme meines Vaters, die mich rief. „Shirin, wo bist du?"

Zu meinen Freunden sagte ich: „Ciao, Leute, ich muss dann mal los!" Doch ich hätte nicht gedacht, dass die Bengel so stur sein konnte und deshalb meinten sie: „Wir kommen mit!"

„Nein, nein, das geht doch nicht", entgegnete ich ihnen, „mein Vater wird euch einsperren lassen."

Aber sie wollten einfach nicht aufgeben. Während wir noch weiter stritten, hörte ich laute Fußstampfer eines großen Engels. Leah, Franzi und Fiffi meinten nur: „Oh oh". Ganz langsam drehte ich mich um, um zu sehen, was sie so grausam fanden. Als dies geschehen war, schaute ich an dem langen Körper meines Vaters hoch, der einen wütenden Gesichtsausdruck hatte.

Er fragte mich deshalb: „Wer sind diese vier Eindringlinge?"

Ich entgegnete ihm: „Vater, das sind keine Eindringlinge, sie sind unsere Freunde."

„Trotzdem sind sie uns nicht willkommen", meinte mein Vater nur erzürnt. „Ich schicke am besten sofort einen Brief an ihre Eltern, damit sie ihnen eine Strafe auferlegen." Mit schnellen Flügelschlägen flog mein Papa nach Hause. Alle waren enttäuscht. Kurze Zeit später waren auch die Eltern der Teufel da und sie kündigten Krieg an.

Drei Tage später ...

Jetzt war der Krieg in vollem Gange. Der König von Engelland suchte sie besten Wachen von unserer Insel raus, weil die anderen schon gefangen genommen worden waren. Einige Zeit später wurde mein Vater als Krieger aufgerufen. Er macht sich sofort startklar, um zu kämpfen. Aber er stürzte. Die Eltern von Maya hielten uns ihre Hand hin. Vater verstand nicht recht. Sie meinten nur: „Eigentlich ist es doch ganz nett, wenn unsere Kinder befreundet sind. Es tut uns leid, weil wir diesen Krieg angekündigt haben." So fassten alle den Beschluss, sich zu vertragen.

Ein Jahr später ...

Inzwischen war eine Brücke zwischen der teuflischen Welt und Engelland gebaut worden. Doch das Wunder kam erst heute. Eine eindrucksvolle Insel erhob sich in der Mitte beider Welten. Die beiden Könige entschlossen sich, diese Welt als Hauptstadt beider Länder zu benennen. Diese Hauptstadt nannten alle Timbuktu. Von dieser neuen Geschichte habe ich etwas gelernt: Ich sollte nie meine Eltern anlügen, denn egal wann, sie werden es sowieso bald herausfinden.

Shirin, aus Nördlingen, Deutschland.

Definition
Engel und Bengel

Engel oder Bengel, Bengel oder Engel. Wie erkennt man das, was macht sie aus, ja was ist die Definition? Für die meisten Menschen ist ein Engel nicht der Bote Gottes, vielmehr eine Person, die unschuldig, lieb, gutmütig, hilfsbereit ist ... ich denke, ihr wisst, was gemeint ist. Ein Engel macht irgendwie alles richtig und handelt sich keinen Ärger ein, daher wohl auch der Name *Unschuldsengel*.

Ein Bengel dagegen ist dafür bekannt, sich Ärger einzuhandeln, ja manchmal denkt man, er sucht praktisch Ärger. Ein Bengel ist doch immer frech und denkt sich für jede Gelegenheit einen neuen Streich aus, oder?

Das sind die allgemeinen Fakten, die man sich mit den Jahren von Generation zu Generation weitererzählt hat. Aber sind das auch wirklich die Definitionen? Sind das die Merkmale, die die Person ausmachen? Werden die Kinder einfach einer Kategorie zugeordnet? Und wer ist dafür verantwortlich?

Vielleicht sollten wir uns einmal überlegen, was tatsächlich in den Köpfen der Menschen vorgeht, ist das immer nur das eine oder das andere? Immer nur Engel oder Bengel?

Das Mädchen von nebenan ist der reinste Engel, immer lieb und hilft, wo es kann, aber dennoch ist sie sehr still. Ist sie denn auch von Natur aus so oder hat sie möglicherweise Angst, etwas Falsches zu sagen oder zu tun, das womöglich nicht mehr so *engelhaft* ist, und ist deshalb so ruhig und gerät nicht in Schwierigkeiten? Einfach aus dem Grund, weil alle Leute sie schon als *Engel* eingeordnet haben.

Nun, da ist der Junge in der Schule, der immer die fiesesten Streiche auf Lager hat, aber habt ihr euch nicht schon einmal gefragt, warum? Vielleicht bekommt er so die Aufmerksamkeit, die er anders nicht erreichen kann. Er ist frech, keine Frage, aber hat er tatsächlich böse Absichten?

Merkt ihr so langsam, worauf ich hinaus möchte? Es gibt keine Definition von Engel und Bengel! Man kann einen Menschen einfach nicht zuordnen. In jedem Einzelnen von uns steckt eine gute und böse Seite, eine artige und freche, eine liebe und fiese. Engel und Bengel kann man nicht definieren, weil jeder sowohl das eine, als auch das andere innerlich ist. Einen reinen Engel oder einen reinen Bengel gibt es auf dieser Welt nicht! Deshalb sollten wir nicht zu schnell urteilen und jedem von uns die Chance geben, sich selbst von allen Seiten zeigen zu können.

Sophia, 14, aus Köln, Deutschland.

Steckt in jedem Bengel auch ein Engel?

Zuerst zu den Engeln: Sie haben lange, blonde Haare und tragen ein weißes Kleid mit goldenen Flügeln. Es gibt Schutzengel, Engel als Boten Gottes und außerdem Engel, die in der Weihnachtszeit dem Christkind helfen – doch alle Engel haben etwas gemeinsam: Sie sind fehlerlos, sanftmütig, brav, hilfsbereit, fleißig, liebevoll, anmutig, edel, ein bisschen arrogant ... alles, was du dir wahrscheinlich sowieso schon gedacht hast. Sie musizieren gerne und leben auf den Wolken. Das Wort *Engel* kursiert auch als Kosename. Die Engel können die Bengel nicht leiden, da diese das komplette Gegenteil von ihnen sind.

Und schon sind wir bei den Bengeln: Na ja, vielleicht wurdest du auch schon einmal so genannt, zumindest wenn du faul, frech oder unanständig warst. So sind sie nämlich, die Bengel. Den Engeln Streiche zu spielen, ist ihre Lieblingsbeschäftigung. Sie tragen kurze Lederhosen, weiß-blau-karierte Hemden und dazu eine grüne Kappe. Die Bengel können die Engel auch nicht leiden, darum ist es auch gut, dass die Bengel weit weg unter der Erde leben.

Doch unter den Bengeln gibt es einen, der es doof findet, dass jeder die Engel mehr liebt, nur weil diese viel braver und fleißiger sind. Dieser Bengel heißt Bindo und möchte beweisen, dass selbst in einem frechen Bengel manchmal ein Engel stecken kann.

Denn so ist es doch, oder?

Und nun zur Geschichte:

Kennt ihr das Gefühl, wenn man eifersüchtig auf jemanden ist, weil der als der brave, fleißige Engel bezeichnet wird? Dabei möchte man doch genauso sein und zeigen, dass man auch brav und fleißig sein kann. Dieses Gefühl kennt Bengel Bindo nur zu gut. Niemand weiß davon, es ist Bindos größtes Geheimnis. Aber nun mal ganz von vorne.

Es war Vorweihnachtszeit und die Bengel mussten wieder mal tonnenweise Zutaten für Plätzchen und Materialien für Weihnachtsgeschenke über die Himmelsleiter zu den Engeln schleppen (was sie natürlich nur taten, weil sie als Gegenleistung ihre Lieblingsplätzchen bekamen). Die Bengel konnten es dabei nicht lassen, die Engel von der Arbeit aufzuhalten, indem sie ihnen Streiche spielten. Aus diesem Grund wollten die Engel die Bengel schnell wieder loshaben und befahlen ihnen, wieder unter die Erde zurückzukehren.

Doch Bengel Bindo wollte so gerne einmal bei den Weihnachtsvorbereitungen mithelfen und dann als guter, braver Engel bezeichnet werden. Er kochte fast vor Wut, als die Engel ihn lachend ablehnten, seine angebotene Hilfe nicht ernst nahmen und ablehnten. Schon gar nicht dem Christkind und den Engeln beim Geschenke-Austragen durfte er helfen. Warum durfte er nicht mithelfen?

Weihnachten stand vor der Tür und alle Bengel (außer Bindo) kletterten auf die Wolke des Schneekönigs.

„Könntest du einen Schneesturm machen?", baten sie den Schneekönig schmeichelhaft. „Bitte, für uns, wir wollen sehen, was du so drauf hast."

Der Schneekönig willigte ein. „Es schadet doch sowieso niemanden, oder?" Die Bengel schüttelten ihre Köpfe und grinsten. Der Schneekönig wusste wohl nicht, dass heute Weihnachten war und ein paar Engel mit dem Christkind im Moment auf der Erde waren, um Geschenke zu verteilen. Na ja, er war eben ziemlich vergesslich. Und schon begann der wildeste Schneesturm.

Der Grund, warum die Bengel ihn darum baten, war ganz einfach: Um den Engeln wieder eins auszuwischen, sorgten sie dafür, dass durch den Schneesturm die Engel und das Christkind nicht mehr auf ihre Wolke zurückkommen konnten. Denn bei einem solchen Schneesturm schaffte es niemand, in den Himmel zu fliegen.

Bindo saß währenddessen einsam in seinem Bett unter der Erde und überlegte fieberhaft, wie er den Engeln beweisen konnte, dass in jedem Bengel auch ein Engel stecken kann. „Sei stark, Bindo!", sagte er zu sich selbst.

„Es ist noch nicht zu spät, gib nicht auf!" Plötzlich hörte er es über sich stürmen und schneien. Trotz seiner Wut auf die Engel machte er sich Sorgen um sie und das Christkind. Bei diesem Sturm konnten sie sicher nicht mehr in den Himmel zurückfliegen und die Menschen würden die Engel und das Christkind entdecken.

Als die Bengel heimkamen, erzählten sie ihm von ihrem Streich. Und Bindo erkannte in dem Streich eine Chance, die er sofort nutzen musste. Obwohl er dabei ein großes Risiko einging. „Bringt mich zu der Wolke des Schneekönigs." Bindo hatte sofort eine Lüge parat. „Ich habe eine Idee, wie wir den Engeln den Spaß am Verteilen der Geschenke noch mehr vermiesen können." Sofort willigten die Bengel ein, bereit für einen neuen Streich.

Als sie auf der Wolke ankamen, stürzte sich Bindo – absichtlich – in den Schneesturm. „Hilfe!", schrie er mit gespielter Angst. „Rettet mich! Ihr müsst dem Schneekönig sagen, er soll den Schneesturm beenden! Für mich!" Und kaum hörbar fügte er noch hinzu: „Und für die Engel und das Christkind."

Wenn man direkt unter einer Wolke in einen Schneesturm gerät, kann das gefährlich sein und deshalb war Bindo sich sicher, dass die Bengel ihn retten würden. Plötzlich bekam er es mit der Angst zu tun. Der wütende Sturm trieb ihn weiter und weiter und Bindo wusste nicht, wohin. Eisige Kälte fuhr ihm in seine Glieder. Er würde abstürzen und den Engeln konnte er auch nicht mehr helfen. In diesem Moment endete der Schneesturm. Und diesen Moment behielt er ewig in Erinnerung.

Er hatte die Engel und das Christkind doch noch retten können, indem er sein eigenes Leben riskiert hatte. Die Engel konnten unverletzt und glücklich wieder auf ihre Wolke zurückkehren. Die anderen Bengel hatten erkannt, dass man auch seine Feinde nicht in Schwierigkeiten bringen durfte, und entschuldigten sich für den Streich. Bald saßen die Engel, die Bengel und der Schneekönig friedlich und glücklich auf der Wolke der Engel und aßen Plätzchen. Bindo erklärte ihnen alles und jeder glaubte ihm glücklicherweise. Er wurde als Held gefeiert und durfte ab jetzt immer mithelfen.

So war es also. Glaubt mir, auch in jedem Bengel steckt ein Engel und das ist auch gut so.

Theresa, 11 Jahre, aus Hengersberg, Deutschland.

Kobold und Fee

Es war einmal in einem schrecklich dunklen Wald irgendwo zwischen den großen Bergen und dem tiefen Eulensee, als sich eine merkwürdige Gestalt auf den Weg machte. Sie packte ihre Siebensachen, befestigte die alten Blumentöpfe, dass sie auch ja heil blieben, schloss die holzige Haustüre gründlich ab und blickte noch einmal auf das kleine alte Häuschen zurück, bevor sie endgültig aufbrach.

Den ganzen Tag lang lief der kleine Kobold durch den düsteren Wald, seine blauen Augen immer wild umherblickend. Im Dickicht war es gefährlich und der winzige Mann wollte kein Risiko eingehen auf einen bissigen Marder oder etwas noch Schrecklicheres zu treffen. Soweit verlief alles gut. Mittags picknickte er auf einem Baumstamm, den ein heftiger Sturm umgerissen hatte, und wusch sich im kristallklaren Flusslauf. Doch die rote Abendsonne ging allmählich unter, sodass sich der kleine Kobold einen sicheren Unterschlupf suchen musste. Seine winzige Lampe spendete nur minimal Licht.

Als er schon fast die eigene Hand vor den Augen nicht mehr erkennen konnte, kam er endlich an einen alten hohlen Baumstamm, gerade groß genug, um darin zu nächtigen. Der kleine Zwerg kletterte den morschen Stamm empor, bis er zu einem kreisrunden Loch kam, das vermutlich vor sehr langer Zeit von einem Buntspecht gehämmert wurde. Nachdem der winzige Mann nach langem Suchen und, so gut es eben im fast Dunklen ging, keine größere Gefahr im Inneren des uralten Baumes entdeckte, richtete er sich aus unterwegs gefundenen Kornblumen ein Nachtlager. Nun war es stockdunkel und selbst nachtaktive Tierchen hatten Probleme, ihren Weg durch die erstickende Finsternis zu finden.

Kaum schloss unser Kobold die kleinen Äugelein, da fuhr ihm der größte Schreck durch all seine winzigen Glieder. Er hört in tödlicher Nähe etwas knurren. So fürchterlich, dass selbst die Mutigsten es mit der Angst zu tun bekommen würden. Der kleine Mann wagte es nicht, zu atmen, sich zu bewegen oder sonst etwas zu tun, das ihn sofort verraten hätte. Ihm lief ein eiskalter Schauer über den Rücken und seine winzigen Zähne klapperten so heftig, dass man es Kilometer weit hätte hören können, wenn er sich nicht sofort gesammelt hätte. Lange Zeit lag er in seinem hohlen Baumstamm, die scharfen Zähne des Etwas schon im Nacken spürend, als das fürchterliche Knurren auf einmal verschwunden war. Der kleine Kobold lag noch sehr lange wach, bis er endlich verängstigt einschlafen konnte.

Als er am nächsten Morgen in seinem morschen Baumstamm aufwachte, wunderte er sich zunächst, wo er denn war. Doch dann erinnerte der winzige Mann sich an den gestrigen Abend und die fürchterliche Angst, die ihm das wilde Getier eingejagt hatte, und ihm war noch immer mulmig zumute. Schnell packte er wieder seine kleinen Siebensachen ein, die zum Glück noch alle an Ort und Stelle waren. Es kostete ihn viel Kraft, den instabilen Baumstamm von innen bis zum großen Spechtloch hinaufzuklettern, da das morsche Holz immer wieder unter seinen roten Stiefeln wegbrach. Letztendlich schaffte er es aber doch noch.

Bevor er sich aber wieder auf den festen Boden traute, verschaffte sich der gutherzige Winzling einen Überblick von der näheren Umgebung, die er in der gestrigen Dunkelheit nur hatte erahnen können. Der Wald war hier besonders dicht bewachsen und vor allem düster. Selbst bei strahlendem Sonnenschein war eine dämmrige Stimmung unter den hohen Fichten und anderen Nadelbäumen. Das *Etwas* sah er zum Glück nicht, nur ein kleines Reh, welches an einem jungen Baum knabberte. Rein schien die dunstige Luft zu sein. So atmete der zwergenhafte Mann zweimal tief durch und begab sich auf den mit großen Nadeln übersäten Boden. Nachdem er sich wieder umgeblickt hatte, startete er endlich wieder auf seine kleine große Reise.

Nun war unser kleiner Freund schon eine gute Weile durch den finsteren Wald unterwegs und relativ weit weg von seinem sicheren Zuhause. Doch leider überkam ihn immer wieder ein recht mulmiges Gefühl. Er wusste nicht, woher, aber irgendetwas sagte ihm, dass er beobachtet wurde, und er beschleunigte seine winzigen Schritte, so gut es eben ging, wenn man nicht weniger groß als ein putziges Eichhörnchen ist. Und da raschelte es schon wieder im Gebüsch! Und da! Wieder!

Hastig und schweißgebadet blickte der winzige Mann erst nach rechts, dann nach links und dann wieder nach rechts. Allerdings kam es, wie es kommen musste. Mit einem Mal spürte der hilflose Kobold einen warmen modrigen Atem im Rücken. So nah und so grausam, dass sich ihm alle Härchen aufstellten. Sein Herz schlug dermaßen laut und schnell. Er begann schrecklich zu zittern und konnte vor großer Furcht keinen einzigen klaren Gedanken fassen. Es war zu spät. Das fürchterliche, wilde Etwas hatte ihn mit seinen messerscharfen Zähnen schon am Hemdkragen gepackt und den armen Kobold durch die Luft geschleudert. Was war passiert? Und vor allem – was war das fremde Etwas? Der kleine Zwerg rang nach Luft, denn sein blauer Kragen, an dem das riesige Ungeheuer ihn grob gepackt hatte, schnürte ihm die Luft extrem ab.

Als dem sehr bemitleidenswerten Winzling schwarz vor den blauen Augen wurde, wurde er nachdenklich. War seine kleine große Reise etwa bereits hier zu Ende? Sollte die mutige Reise etwa auf diese Weise zu Ende gehen? Unser kleiner Freund war nie ein guter Kobold gewesen. Oft hatte er seine winzigen Artgenossen geärgert und hatte deshalb auch keine Freunde. Doch verdient es ein gemeiner Zwerg, auf noch gemeinere Weise getötet zu werden? War das seine gerechte Strafe für all diese Taten?

Das wilde Etwas hatte noch immer nicht aufgehört, ihn wie verrückt herumzuwirbeln und dabei schrecklich zu knurren. Seine winzigen Siebensachen hatte unser kleiner armer Freund längst losgelassen. Kampflos und mit der sicheren Gewissheit, die riesige Bestie würde ihn fressen, gab er sich der fürchterlichen Kreatur hin. Er hatte aufgehört, sich zu wehren, und die modrige Luft hatte aufgehört seine Lungenflügel zu füllen. Das große Ungeheuer ließ den winzigen Kobold auf den harten feuchten Waldboden fallen.

Nun war es soweit.

Obwohl er kurz davor war, das Bewusstsein und wahrscheinlich damit auch sein trauriges Leben zu verlieren, wollte der schwache Zwerg ein letztes Mal, den von ihm so sehr geliebten Wald spüren. Unser lieber Freund roch den feinen Harzduft. Er hörte die grünen Blätter in den hohen Baumkronen im sanften Wind rauschen. Unser kleiner Freund spürte eine frische Brise, die um seine knollige Nase wehte. Sein Hals war trocken und noch immer bekam er schlecht Luft.

Dass das wilde Etwas von einem Giftpfeil getroffen wurde, einen schrecklichen Schrei hervorbrachte, krachend auf den harten Waldboden stürzte, benommen liegen blieb und, als das gnadenlose Gift überhand über den gewaltigen Körper nahm, den allerletzten Atem ausstieß, bekam der winzige Mann nicht mehr mit. Unser kleiner

Freund war bereits weit weg, in tiefsten Träumen. Er merkte auch nicht, wie er längere Zeit von einem gewissen Jemand nachdenklich betrachtet wurde. Dieser gütige Jemand nahm sich schließlich seiner an. Heimlich transportierte dieser Jemand den friedlich schlummernden Zwerg, der sehr mitgenommen aussah, zu sich nach Hause, ohne von neugierigen Artgenossen gesehen zu werden. Der kleine Mann wurde sanft zugedeckt und konnte so friedlich weiterschlafen.

Erst eine gute Weile später öffnete der winzige Kobold allmählich seine kristallklaren Äugelein wieder. Erst eines, dann das zweite. Verblüfft blickte er langsam um sich. Das herrliche Rauschen der Blätter war nur noch entfernt hörbar und anstatt eines feinen Harzdufts, lag der Geruch von reifen Waldfrüchten und süßem Honig in der Luft. Dies war ganz gewiss nicht sein putziges Haus an der alten Eiche. Doch dann erinnerte er sich an seine kleine große Reise.

Um ihn herum war eine ungewohnte Umgebung. Ein winziger Raum, der selbst für den zwergenhaften Mann fast nicht ausreichte. Wo befand sich unser lieber Freud? Und vor allem – wie war der Winzling ohne sein Wissen hierher gelangt? Nun dachte der winzige Kobold an das abscheuliche Ungetüm, wobei ihm sich alle Härchen aufstellten. Das furchtbare Ungetier konnte doch nicht auf einmal plötzlich verschwunden sein? Oder etwa doch?

Aber bevor der winzige Kobold sich nur noch mehr Fragen stellen konnte, drückte jemand allmählich die goldene Türklinke hinunter und trat langsam in den putzigen Raum ein. Das Schlimmste erwartend, zog sich unser ängstlicher Freund die warme Bettdecke bis über seine rote Nasenspitze. Allerdings war das, was dort zur schmalen Tür hereinkam, keine Bestie, kein Ungeheuer und auch kein Kobold. Er war vielmehr so, als hätte die strahlende Sonne das kleine schnuckelige Zimmer betreten. Eine elfengleiche Gestalt lief, nein sie schwebte gar über den Boden und hüllte alles in ein wohlwollendes warmes, vertrautes Licht. Geblendet von dem wunderschönen Engel, der auf ihn zuschwebte, vergaß der erstaunt erstarrte Kobold, schier zu atmen.

Mittlerweile stand die zarte Fee in all ihrer Pracht vor ihm. Dem faszinierten Männlein war schon längst seine winzige Kinnlade heruntergeklappt, doch er traute sich nicht, zu atmen, weil er befürchtete, ein einziger Atemzug würde genügen, die zierliche bleiche Gestalt zu zerbrechen. Noch nie in seinem Leben hatte unser kleiner Freund etwas so schönes Majestätisches gesehen. Alles war wie in einem unfassbaren Traum, der so wunderbar ist, dass man auf gar keinen Fall mehr aufwachen mochte. Bevor der kleine Kobold kläglich das Bewusstsein verloren hatte, war jegliches wie die Hölle gewesen. Doch nun schien er dem göttlichen Himmel so nah wie nichts sonst. Plötzlich riss ihn der schimmernde Engel etwas unsanft aus seiner Tagträumerei. „Alles in Ordnung mit dir? Geht's dir besser? Du sahst ziemlich schlimm aus!", trillerte die helle fröhliche Stimme der schönen Elfe.

Hätte die engelsgleiche Gestalt nichts gesagt, wäre der verliebte und inzwischen puderrote Zwerg noch ewig mit offenem Mund verharrt geblieben und hätte die bezaubernde Fee einfach nur betrachtet. Doch das Einzige, das der neben sich stehende mickrige Kobold von sich brachte, war ein leises verstottertes „K...K...K...Klar". Auf keinen Fall wollte er wie ein dummer Schwächling wirken, aber es gelang ihm nicht so recht und die wunderbare Fee runzelte sanft die Stirn. „W...W...W...Wo bin i...i...ich?", war alles, was seine zugeschnürte Kehle noch von sich gab.

Zu seiner großen Erleichterung hellte sich das malerische Gesicht des wunderschönen Engels aber auf, er setzte sich auf die breite Bettkante und begann aufgeregt, das Geschehene zu berichten. Die strahlende Fee sprach über den grausamen Wolf, den bewusstlosen kleinen Zwerg und wie sie ihn mühsam zu sich nach Hause gebracht hatte. Abwesend hörte der winzige Mann zu. Er konnte seine kristallklaren Augen einfach nicht von der unglaublich schönen Gestalt wenden. Diese mandelbraunen Augen, diese elfenbeinfarbene Haut und das charmante Lächeln. Alles an der bezaubernden Fee schien schier perfekt zu sein. Dann erzählte der schimmernde Engel aber von ihren strengen Eltern und Verwandten, die es auf keinen Fall erlauben würden, einen brutalen Kobold in ihrem putzigen Haus zu haben, da Fees ganze Familie diese für sehr gefährlich empfand. Ausmalen, was passieren könnte, würden ihre strikten Eltern den versteckten kleinen Mann finden, wollte sich die arme Fee gar nicht.

Unser überraschter Freund blickte sie entgeistert an. Wie konnte jemand ihn überhaupt jemals für angsteinflößend halten? Ihn, einen Eichhörnchen großen Schwächling, der von einer zarten Fee vor einem bösen Wolf gerettet werden musste. Als die wunderschöne Gestalt ihm erklärte, sie würde von der unbegründeten Angst vor kleinen Zwergen nicht viel halten, war unser guter Freund sehr erleichtert. Schließlich wäre es etwas ungelegen gewesen, wenn sein angebeteter Engel sich vor ihm fürchten würde. Nachdem der zarte Engel seine kleine Zusammenfassung über die aufregenden Ereignisse beendet hatte, lächelte er mit seinen schönen Zähnen unseren kleinen Freund an, der nur so dahinfloss.

„Darf ich wissen, wie du heißt?", fragte die wunderschöne Fee vorsichtig.

Unser kleiner Zwerg wusste nicht so recht, wie er es sagen sollte: „Na ja, ich … ich rede normalerweise mit niemandem."

Der kluge Engel verstand sofort: „Du hast nie einen Namen bekommen?"

Traurig schüttelte er langsam seinen roten Kopf.

„Dann denk dir doch jetzt spontan einen aus! Wie würdest du gerne heißen?"

Etwas verwirrt meinte unser schüchterner Freund: „Kobold. Ich … ich glaube, wenn ich einen Namen hätte, dann wäre er *Kobold*." „Okay Kobold, nett dich kennenzulernen." So einigten sie sich und begannen über dies, das, jenes und solches zu reden. Dabei vergaßen die beiden lieben Freunde komplett die Zeit, sodass plötzlich mit einem Mal eine laute tiefe Stimme schrie: „Fee! Wo steckst du denn nur wieder! Komm sofort, dein Vater hat schrecklichen Hunger!" Hastig stand die besorgte Fee schnell auf und war fast schon zur kleinen Tür hinaus, als sie dem ängstlichen Zwerg fest versprach, gleich wieder zurückzukommen.

Dennoch sollte sie den winzigen Mann nicht allzu bald wiedersehen, denn unser guter Freund wollte die liebe Fee keinesfalls in Schwierigkeiten bringen. Lange überlegte er, was er tun solle.

Hier bei seiner neuen tollen Freundin bleiben und riskieren, dass ihre Feeneltern den schrecklichen Kobold entdeckten, Fee vermutlich bestraften. Oder seine womöglich große Liebe verlassen, dafür aber seine kleine große Reise endlich fortsetzen, um sein Ziel so bald als möglich erreichen. Da er sich für Letzteres entschieden hatte, packte er erneut seine winzigen Siebensachen zusammen, machte das putzige Bett und suchte nach einer Möglichkeit, ins ersehnte Freie zu kommen. So unglaublich verliebt er auch in den kleinen Engel war, er wollte ihn auf keinen Fall durch seine Anwesenheit in große Schwierigkeiten bringen. Zudem wollte er sich gar nicht vorstellen, was ihm Schlimmes blühen würde, würde Fees Familie den armen Kobold entdecken. Doch den märchenhaften Engel, so wusste er, würde er nicht so schnell wieder vergessen.

Kaum war unser immer noch etwas schwache Freund mühsam aus dem mickrigen Fenster geklettert, kam die nichts ahnende zarte Gestalt auch schon wieder in das kleine Zimmer, in dem er bis vorhin noch erschöpft gelegen hatte. Dieses war allerdings leer, wie der arme Engel mit riesigem Entsetzen feststellen musste, denn sehr gerne hätte er noch länger mit unserem liebsten Freund geredet.

Inzwischen war unser guter Freund bereits aus den hohen Baumkronen mühsam herabgestiegen und hatte seinen zuverlässigen alten Kompass ausgepackt. So begann der winzige Mann wieder, sich seinen mühsamen Weg durch den tief finsteren Wald zu suchen, und hielt stets die kristallklaren Augen aufmerksam und verängstigt offen. Wenn ihn eine wilde Bestie schon einmal angegriffen hatte, warum sollte es dann nicht ein schreckliches zweites Mal passieren?

Doch kaum hatte unser schreckhafter Genosse diesen beängstigenden Gedanken gehabt, überlief ihn auch schon ein eiskalter Schauer, denn es begann nach nichts Geringerem als bösem Wolf zu riechen. „Das kann nicht sein", dachte sich der kleine Kobold zähneklappernd. Würde gleich hinter dem nächsten großen dunklen Busch ein wild gewordenes Getier hervorspringen und ihn bedingungslos angreifen? Würde sich die furchtbare Familie des grausamen Wolfes an ihm, dem armen Zwerg, der eigentlich nur so bald als möglich sein langersehntes Ziel erreichen wollte, bitterböse rächen?

Der Magen unseres Eichhörnchen großen Gefährten knurrte und er verspürte einen stark plagenden Hunger. Sollte der kleine Mann sich lieber wieder in ein sicheres Spechtloch begeben oder sollte unser mehr oder weniger tapferer Kamerad all seinen Mut zusammenfassen, um sich dem großen Wolf oder vielleicht der ganzen schrecklichen Wolfsfamilie zu stellen? Für ihn war dies fast keine Frage wert und demnach kletterte er auf den nächstgelegenen hohen Nadelbaum, um Ausschau nach dem vielleicht ganzen angsteinflößenden Rudel zu halten. Egal, wie genau der liebe Kobold auch schaute, konnte er kaum noch den nadelübersäten Boden erkennen, so düster war der schreckliche Wald hier.

Nachdem er bereits ein gutes Weilchen gesessen und abgewartet hatte, verlor er langsam und dann immer schneller die Geduld. Gegen seinen rein natürlichen Drang, sich nur auf sicheres Territorium zu begeben, stieg er sachte die meterhohe dunkle Tanne hinunter, denn einen einzigen Fehltritt würde er sofort mit dem teuren Leben bezahlen.

Endlich wieder auf festem Untergrund, machte er sich daran, etwas einigermaßen Essbares oder wenigstens sauberes kühlendes Wasser zu finden. Nach einer Weile ward er an einen großen rauschenden Bachlauf gelangt, den er schon von Weitem hatte hören können. Doch, als wäre Fees Verlust und sein großer Durst nicht schon schlimm genug, war das eigentlich glasklare Wasser an dieser Stelle ungewöhnlich trüb, wie wenn jemand vor nicht allzu langer Zeit hier gewesen war und rasch durch den lauten Bach gewatet wäre.

Und jetzt hatte es unser naiver Freund, Gott sei Dank, endlich verstanden, in welch großer schrecklicher Gefahr er sich unwissend begeben hatte. Nur wenige, zu wenige Meter entfernt stand das, was der kleine Mann schon so oft zu Tode gefürchtet hatte. Hinter ihm stand nicht nur ein gnadenloser Wolf, sondern ein ganzes Rudel von Rache suchenden Bösewichten. Acht, nein zehn riesige Wölfe stellten sich im Halbkreis um ihn wie eine unfassbar bedrohliche Mauer. In den tiefen Bach zu springen, bedeutete für unseren lieben Freund den sichersten Tod und würde auch nur die letzte Option sein, war er sich sicher. Wer beim ersten Mal noch dran geglaubt hatte, der bitterarme Zwerg würde mit seinem lieben Leben davonkommen, war sich jetzt sicher, dass so viele starke große Bestien einen so winzigen Mann, der ihren guten treuen Rudelgenossen getötet hatte, niemals entkommen lassen würden.

Zudem war sein wunderschöner Schutzengel Fee nicht in der Nähe, die ihm aber sicher auch nicht hätte helfen können.

Und ob seine tapfere Freundin in der Nähe war! Den zähnefletschenden Ungetieren tropfte bereits der Speichel aus dem Maul, ihr altes Fell hatte sich hochkant aufgestellt und mit großen Schritten traten sie auf den sich zu Tode fürchtenden Zwerg zu, als seine vermutlich große Liebe endlich zur Hilfe nahte. Die sehr clevere Fee hatte ihren lieben Freund schon lange beobachtet und auch die bestialischen Wölfe gesehen, doch hätte der arme Engel gerufen, wären die abscheulichen Bestien ebenfalls auf ihn losgegangen, sodass ihm nichts anderes übrig geblieben war, als seine große Chance zu wittern. Und diese große Chance ward eben jetzt gekommen.

Es waren bereits nur noch wenige Zentimeter zwischen unserem sich dem Tod sicheren Freund und der kochenden Ungetierbande, da spürte der winzige Mann keinen vertrauten Waldboden mehr unter den kleinen Füßen, obwohl ihn nichts merklich berührte. Doch wie war das möglich? Eine unsichtbare magische Kraft hob ihn sachte in die wehende Luft und vor den verblüfften großen Wolfsaugen, die fast herausfielen, schwebte der selbst nicht unverwundertere Zwerg durch die düstere Atmosphäre davon.

Nachdem er wieder auf seinen eigenen Beinen stand und heilfroh war, gerettet zu sein, blickte er sich fragend um. War seine gute Fee, die er so zu lieben glaubte, etwa seine mutige und starke Retterin gewesen? Hatte sein lieber Schutzengel ihn schon wieder vor dem schlimmen Tod bewahrt.

Und ob seine liebe Fee das getan hatte! Das Einzige, das der kleine Mann nämlich – abgesehen von seinem süßen Nadelduft – noch in Fees putzigem Zimmer hinterlassen hatte, war ein sorgfältig zusammengefalteter Zettel. Hastig hatte die aufgeregte Fee zu lesen begonnen:

Hallo Fee!
Wie du sicher bereits bemerkt hast, habe ich mich wieder auf meine kleine große Reise begeben. Ich will dich auf keinen Fall in große Schwierigkeiten mit deinen Eltern bringen! Für deinen riesigen Mut und deine liebe Fürsorge danke ich dir sehr. Mach's gut, kleiner Engel!
Dein Kobold"

Die schrecklich traurige Elfe hatte sich fassungslos auf das verlassene Bett fallen lassen und bitterlich geweint. Es war nicht das erste Mal gewesen, dass sie einen netten guten Freund aufgrund ihrer strengen Familie verloren hatte. Jedoch war es das erste Mal gewesen, dass es ihr hauchzartes Herz zu brechen schien, und obwohl die arme Fee ihren neuen liebenswürdigen Genossen erst seit wenigen Tagen kannte, war sie wirklich sicher gewesen, der kleine Kobold würde der *eine* sein, auf den der gute Engel sein ganzes liebes Leben gewartet hatte. Es schien der mutigen Fee alles schier egal gewesen zu sein, denn kurzerhand hatte die entschlossene Gestalt ebenfalls tapfer ihre Siebensachen zusammengepackt und noch in der folgenden Nacht die putzige Feenstadt verlassen.

So war die zarte Elfe unserem netten Freund unbemerkt gefolgt, um den richtigen Moment der freudigen Überraschung abzuwarten, jedoch ehe dieser gekommen war, musste sie ihren liebevollen Schützling erneut vor großer Gefahr retten.

Jetzt fiel der verliebte kleine Mann seiner angebeteten wunderschönen Freundin überglücklich über das Wiedersehen und ihre riesige Heldentat um den zierlichen Hals. Lange lagen die beiden Fabelwesen sich glücklich in den kleinen Armen und redeten über Gott und die Welt, sammelten rote Beeren und tranken an einem kreisrunden klaren See. Wie herrlich unsere winzigen Kameraden sich verstanden! Wie herrlich doch das zweisame Leben hier im eigentlich so düsteren Wald war!

Zu zweit setzten die neuen Freunde die kleine große Reise des winzigen Mannes fort, doch alles kam anders, als es sich die beiden je erträumt hätten können. Weil das zum Überleben wichtige Essen irgendwann knapp wurde, denn der sowieso schon dichte Wald wurde immer dichter und die Beeren und kleinen Käfer immer seltener, begann eine ungewöhnliche angespannte Stimmung zwischen den beiden.

Obwohl die beiden sich über alles liebten, wertschätzten und gar nicht ohne einander leben konnten, lag und liegt es in der reinen Natur jedes Lebewesens, irgendwann ungewollt und, so sehr man sich auch liebt, einen ungewollten tragischen Konkurrenzkampf zu entwickeln. Die unglücklichen Umstände besiegelten das schreckliche Schicksal dieser viel zu jungen Liebe.

Eines Tages stritten die beiden sich, denn obwohl der kleine Kobold es schon so viele Male versprochen hatte, verriet der winzige Mann seiner wunderschönen Elfe immer noch nicht den Grund seiner kleinen großen Reise.

„Wenn wir schon verhungern, dann will ich wenigstens wissen, warum!", schrie Fee und begann zu weinen.

Noch immer nicht bereit, dem traurigen Engel die wahre Wahrheit zu sagen, meinte unser es nur gut meinender Freund, er würde trockenes Holz für ein wärmendes Feuer und leckere Steinpilze sammeln, und machte sich auf den Weg noch tiefer in den düsteren Wald.

Es war das letzte Mal, dass die beiden Fabelwesen sich sahen, denn als unser armer Freund zu seiner Liebe Fee zurückkommen und sich entschuldigen wollte, war sie verschwunden. Oder war dies überhaupt die exakte Stelle, an der die beiden ihr winziges Lager errichtet hatten? Unser bereits bitterlich weinende Zwerg ließ sich nieder, denn er war sich sicher, die schöne Elfe hatte ihn verlassen.

Dass sein kleiner Engel rund drei Meilen weiter nördlich hilflos durch den Wald irrte und vergeblich nach ihrem wunderbaren Kobold suchte und angsterfüllt und, so laut eine kleine Elfe es eben kann, schrie, konnte der arme Zwerg nur schlecht ahnen. Seine wunderschöne Freundin hatte ihm folgen wollen und sich bitterböse verlaufen.

Viele lange, traurige Stunden suchte der deprimierte Winzling entmutigt seinen göttlichen Engel. Als er bereits stockdunkel war, blieb ihm nichts anderes übrig, als sich in einen nahegelegenen höheren Baumstamm zu begeben und einsam einzuschlafen.

Weil er nach drei Tagen vergeblichstem Suchen seine so große Liebe noch immer nicht wiedergefunden hatte, musste er schließlich, am Rande seiner Kräfte und fast tot vor Hunger, nach Hause zurückkehren. Seine kleine große kleine Reise wollte er nicht fortsetzen.

Lange dachte er darüber nach, wie oft ihm seine so liebevolle Fee das Leben gerettet und wie oft sie ihn beschützt hatte. Und als er alles reflektierte und darüber nachdachte, wie einsam und verlassen er war, bekam er auf einmal einen Geistesblitz. Jetzt war unserem unglücklichen kleinen Freund auf einmal alles glasklar. Selbstverständlich war es kein Zufall gewesen, dass er die wunderbare Fee getroffen hatte. Ein gewisser Jemand hatte diesen göttlichen Engel auf diese Erde gesandt. Nicht nur, um das triste Leben des hilflosen Winzlings zu retten, sondern auch, um ihm einen neuen treuen Freund zu schenken und ihm die Augen zu öffnen. Aber unser naiver Kamerad hatte das leider nicht früher erkannt und seinen persönlichen Schutzengel durch diesen Streit verloren.

Doch Fee war mehr als nur sein eigener persönlicher Schutzengel gewesen. Sie war seine beste Freundin, ohne die er auf keinen Fall leben wollte. Nie wieder würden sie sich sehen. Nie wieder würden sie zusammen lachen. Nie wieder. Und dieser große Schmerz brach unserem traurigen kleinen Freund sein gutes Herz. Der arme Kobold bekam seinen so geliebten Engel nie wieder zu Gesicht. So musste er traurig und alleine leben, bis er schließlich einsam und verlassen in seinem kleinen Häuschen an der alten Eiche starb.

Dennoch wollte er auf keinen Fall, dass es einem anderen genauso vergehe. Also beauftragte er mich, um euch seine Geschichte zu erzählen und euch eines Besseren zu belehren. Falls ihr irgendwann und irgendwo auf euren eigenen, persönlichen, liebevollen Schutzengel trefft, dann haltet ihn fest, bevor es zu spät ist. Sagt denen, die ihr liebt, dass ihr sie liebt.

Linda, 15 Jahre, aus Miltenberg, Deutschland.

SCHREIBWETTBEWERBE

2005 schrieb das Papierfresserchen seinen ersten internationalen Schreibwettbewerb für Kinder und Jugendliche aus, an dem sich weltweit mehr als 1400 junge NachwuchsautorInnen beteiligten. Seitdem gehören unsere Schreibwettbewerb, die stets unter dem Thema der Leseförderung und -motivation stehen, zum festen Bestandteil unserer Verlagsarbeit.

**Informationen dazu unter
www.papierfresserchen.de**

Seit Jahren setzt das Papierfresserchen aber auch Schreibprojekte zu besonderen Anlässen um – zum Beispiel zu einem Jubiläum. Ihre Stadt wird 800 Jahre alt – dann planen Sie mit uns einen Schreib- und Malwettbewerb mit Schulen und Kindergärten.

Oder Sie haben mir Ihrer Schulklasse ein Buchprojekt bearbeitet und möchten dies nun veröffentlichen. Wir bieten Ihnen die Möglichkeit einer Veröffentlichung mit ISBN – dann ist das Buch für jeden auch über den Buchhandel zu beziehen – oder auch ISBN. Sprechen Sie uns an, wir freuen uns auf Ihre Anfrage. Kontakt.